Die Ersten werden die Ersten sein

Theologie – Kultur – Hermeneutik

Herausgegeben von
Stefan Beyerle, Matthias Petzoldt und Michael Roth

Band 32

Michael Roth

Die Ersten werden die Ersten sein

Überlegungen zu einer Ethik des Sports in theologischer Hinsicht

EVANGELISCHE VERLAGSANSTALT
Leipzig

Michael Roth, Univ.-Prof. Dr. theol. habil., Jahrgang 1968, studierte Evangelische Theologie in Tübingen und Bonn; seit 2015 ist er Inhaber des Lehrstuhls für Systematische Theologie und Sozialethik an der Ev.-theol. Fakultät der Johannes Gutenberg-Universität Mainz.

Bibliographische Information der Deutschen Nationalbibliothek
Die Deutsche Nationalbibliothek verzeichnet diese Publikation in der Deutschen Nationalbibliographie; detaillierte bibliographische Daten sind im Internet über http://dnb.dnb.de abrufbar.

Printed in Germany

Das Buch wurde auf alterungsbeständigem Papier gedruckt.

Cover: Friedrich Lux, Halle (Saale)
Satz: Ulrike Peisker, Mainz
Druck und Binden: Hubert & Co., Göttingen

ISBN 978-3-374–06956-9 eISBN (PDF) 978-3-374-06957-6
www.eva-leipzig.de

Inhalt

I. Einleitung

Moralisierung in Gesellschaft und Kirche und die Frage nach einer Ethik des Sports

»Sport und Moral – wie geht das zusammen? Hat das etwas miteinander zu tun? Gibt es im Sport überhaupt so etwas wie Moral?«[1] Diese im Jahr 1990 gestellten Fragen des Linguisten Hans-Jürgen Heringer würden wir im Jahr 2021 nicht so ohne Weiteres stellen, schließlich haben wir gelernt, dass die Moral immer und überall vorzukommen hat und daher alle Bereiche des Daseins einer ethischen Analyse zu unterziehen sind. Diese Ethisierung des Daseins ist nicht ganz ohne Probleme, insofern mit ihr eine Moralisierung einhergeht. Im Jahr 2017 formuliert Ulrich H. J. Körtner pointiert: »Gegenwärtig greifen Moralisierung und Emotionalisierung in Politik und Gesellschaft in einem für die moderne Demokratie bedenklichen Ausmaß um sich. Der moralische Imperativ hat Hochkonjunktur, auch auf dem Büchermarkt. ›Empört euch!‹, ›Entrüstet euch!‹, ›Entängstigt euch!‹. Solche Buchtitel finden reißenden Absatz. Es lebe der moralische Imperativ! Sich aus hochmoralischen Gründen empören oder entrüsten zu dürfen, verschafft ein gutes Gefühl; denn der moralische Imperativ enthält die frohe Botschaft: Wir sind die Guten!«[2]

Vor allem hinsichtlich der Politik fällt auf, dass diese – wie Chantal Mouffe, Politikwissenschaftlerin und Professorin für Politische Theorie an der University of Westminster, betont – zunehmend »in moralischen Registern«[3] ausgetragen wird. So zeigt Bernd Stegemann, wie sich linke Politik durch den inflationären

---

[1] Hans-Jürgen Heringer, Regeln und Fairneß. Woher bezieht der Sport seine Moral?, in: Ommo Grupe (Hrsg.), Kulturgut oder Körperkult? Sport und Sportwissenschaft im Wandel, Tübingen 1990, 157–171, 157.

[2] Ulrich H. J. Körtner, Für die Vernunft. Wider Moralisierung und Emotionalisierung in Politik und Kirche, Leipzig 2017, 5.

[3] Chantal Mouffe, Über das Politische. Wider die kosmopolitische Illusion, Frankfurt a. M. 2007, 11. Diese Tendenz, die Argumentation durch das Moralisieren zu ersetzen, beobachtet auch: Sahra Wagenknecht, Die Selbstgerechten. Mein Gegenprogramm – für Gemeinsinn und Zusammenhalt, Frankfurt a. M./New York 2021.

Gebrauch der Moral in einer selbstgerechten Position isoliert. Moralische Kommunikation – so Stegemann – hat die Tendenz, nicht die tatsächlichen Ursachen zu sehen, sondern die notwendige konkrete Analyse durch moralische Urteile zu ersetzen.[4] »Ein solcher Weg ist häufig nicht nur einfacher, sondern er verspricht auch schnellen Erfolg in der öffentlichen Kommunikation«[5]. Der moralisch Sprechende gefalle sich in seiner moralischen Beurteilung der Welt, diese Beurteilung ziele in Wahrheit auf Bestrafung, nicht auf Veränderung. »Die empörte Sprache, der heilige Zorn der Rache und die feierliche Entrüstung über das Böse ergeben einen Cocktail, der zu einem gesteigerten Selbstgefühl führt. Hat man sich einmal in diesen Zustand des gerechten Zornes hineingeredet, so erscheinen die ungeheuerlichsten Tiraden als gerechtfertigt. Der Fanatismus, der von außen betrachtet wie ein gefährlicher Zustand der Verwirrung wirkt, ist dem fanatischen Eiferer der einzig angemessene Ausdruck für das revoltierende Chaos, das er in sich fühlt«[6]. In diese Richtung weisen auch die Überlegungen von Robert Pfaller. Moral – so Pfaller – erlaube es, Welt in den Kontrasten von Gut und Böse wahrzunehmen. Jeder Moral wohne daher »die Produktion von Unpersonen« inne. »Wer als ›Rassist‹, ›Sexist‹, ›Islamophobiker‹, ›Faschist‹, ›Ableist‹, ›Transphober‹ oder etwas Ähnliches einmal etikettiert wurde, hat jedes Rederecht und jedes Existenzrecht verloren«[7]. So ist Chantal Mouffe zuzustimmen, wenn sie feststellt, dass an die Stelle eines ausfechtbaren Agonismus der unversöhnliche Antagonismus tritt, der auf die Vernichtung des anderen zielt.[8]

An der Hochschätzung und Beliebtheit von moralischer Urteilsbildung ändern auch andere Beobachtungen wie die der Vereinzelung in der Gesellschaft nichts. Auch in einer »Gesellschaft der Singularitäten«, in der nicht das Allgemeine, sondern das Besondere erwartet wird, wird das Besondere mit moralischen Qualitäten aufgeladen.[9] In seinem Buch »Wahre Meisterwerke« macht

---

[4] Angesichts dieser Tendenzen kann es nicht überraschen, dass der Tübinger Oberbürgermeister Boris Palmer fordert: Erst die Fakten, dann die Moral! »Wenn aus einer moralischen Grundhaltung ein allgegenwärtiges Moralisieren wird, wenn Menschen die eigene Moral zum Maßstab für alle machen und jede andere Moral verdammen, wenn also aus Moral Überheblichkeit, Hochmut, Arroganz und Abwertung wird, dann ist es Zeit für eine Antithese. Sie lautet: Erst die Fakten, dann die Moral« (ders., Erst die Fakten, dann die Moral. Warum Politik mit der Wirklichkeit beginnen muss, München 2019, 14).

[5] Bernd Stegemann, Die Moralfalle. Für die Befreiung linker Politik, Berlin 2018, 25.

[6] A. a. O., 32f.

[7] Robert Pfaller, Moralisieren ohne Moral, in: Herwig Grimm/Stephan Schleissing (Hrsg.), Moral und Schuld. Exkulpationsnarrative in Ethikdebatten (TTN-Studien 9), Baden-Baden 2019, 37–65, 47. Auf diese Tendenz macht auch aufmerksam: Rochus Leonhardt, Die politische Kultur im Schatten des Rechtspopulismus, in: Johann Hinrich Claussen/Martin Fritz/Andreas Kubik/Rochus Leonhardt/Arnulf von Scheliha, Christentum von rechts. Theologische Erkundungen und Kritik, Tübingen 2021, 147–189, bes. 149ff.

[8] Mouffe, Über das Politische, 10.

[9] Andreas Reckwitz, Die Gesellschaft der Singularitäten. Zum Strukturwandel der Moderne, Berlin [5]2018, 90f.

Wolfgang Ullrich auf die unablässige Rede von Werten aufmerksam, zu denen wir uns bereits beim Kauf einer Haarspülung bekennen. So kann ein Deo »Peace« heißen, andere Varianten desselben Produkttyps stellen sogar politisches Bewusstsein in Aussicht. Ullrich spricht in diesem Zusammenhang von einer »neuen Bekenntniskultur«[10]. Auf die Moralisierung aller Lebensbereiche bis hin zum moralischen self-branding von Unternehmen und Banken macht auch Reinhard K. Sprenger in der NZZ aus dem Jahr 2018 aufmerksam: Alle Lebensbereiche – so Sprenger – sollen dem Guten dienen. Ohne Diversität, Nachhaltigkeit und Solidarisierung laufe nichts mehr. In Wahrheit aber würden sich die Moralisierer nur selbst vermarkten und ihre eigenen Interessen vertreten.[11] Selbst die Kunst scheint von der Moralisierungstendenz der Gegenwart beherrscht zu werden, wie die Kritik an der 14. Documenta aus dem Jahr 2017 deutlich macht. So kritisiert Hajo Schiff, die 14. Documenta praktiziere eine massive »Bevorzugung sozialer Belange gegenüber genuin künstlerischen Setzungen« und erlege der Kunst Funktionen auf, »die in zurückliegenden Epochen [...] Sachen der Kirche waren«[12] – wie Fürsorge und soziales Engagement. In diese Richtung gehen auch die Überlegungen von Michael Hübl, der bemerkt, die 14. Documenta präsentiere sich »als karitative Einrichtung« und mache sich »Aufgaben zueigen, deren sich sonst etwa barmherzige Schwestern oder die Bahnhofsmission befleißigen«[13]. In der Tat, man wird Robert Pfaller zustimmen müssen, wenn er formuliert: »Selbst einem flüchtigen Blick auf die aktuellen Verhältnisse fällt vermutlich eine Vielzahl moralischer Appelle sowie die gehäufte Präsenz moralischer Wertungen und Verurteilungen auf. Immer mehr Menschen in westlichen Gesellschaften tendieren dazu, immer mehr Situationen ihres Alltagslebens – zum Beispiel bei der Ernährung, bei der Arbeit, im persönlichen Umgang, beim Gebrauch von Verkehrsmitteln, beim Sprechen oder in der Sexualität – unter der Perspektive von Gut und Böse zu betrachten«[14].

Unverkennbar sind an der moralisch-ethischen Bekenntniskultur der Gegenwart auch die Kirchen beteiligt.[15] Die Repräsentanten der Kirche sehen ihre

---

[10] Wolfgang Ullrich, Wahre Meisterwerke. Stilkritik einer neuen Bekenntniskultur, Berlin 2017.

[11] Reinhard K. Sprenger, Ohne Moral geht es nicht. Aber wir moralisieren alles – und das ist falsch, in: NZZ 11/4 (2018), URL: https://www.nzz.ch/feuilleton/bekenne-du-schlechter-mensch-ld.1375392 (Stand: 30.3.2021).

[12] Hajo Schiff, Kaum eine begehbare Brücke oder Der fehlende Schlüssel, in: Kunstforum International 248/249 (2017), 66–77, 69.

[13] Michael Hübl, Kopfüber im flachen Wasser, in: Kunstforum International 248/249 (2017), 78–89, 81f.

[14] Pfaller, Moralisieren ohne Moral, 37.

[15] Vgl. hierzu: Michael Roth, Versuchungen und Gefahren der moralischen Rede – eine Herausforderung für die Kirchen. Ein kleines Plädoyer für die moralische Abrüstung, in: Sonja Beckmayer/Christian Mulia (Hrsg.), Volkskirche in postsäkularer Zeit. Erkun-

Aufgabe offenkundig darin, für moralische Orientierung zu sorgen.[16] Auch das Programm der »Öffentlichen Theologie«, dem der jetzige EKD-Ratsvorsitzende Heinrich Bedford-Strohm und sein Vorgänger Wolfgang Huber sich verpflichtet wissen, dokumentiert eine Moralisierung des Verständnisses davon, was Kirche ist und ausmacht.[17]

Es überrascht, dass gerade in den letzten Jahren außerhalb von Theologie und Kirche die Fokussierung der Kirche auf ethisch-moralische Themen kritisiert wird, die damit keinen Schutz mehr biete vor der gesellschaftlichen Hypermoral und ihren problematischen Konsequenzen. So geht der Kultur- und Wissenschaftsjournalist Andreas Grau davon aus, dass die Moral eine »meinungsbildende Monopolstellung«[18] in der Gesellschaft bekommen hat. Moral – so Grau – ist die »letzte Religion« (14). Und weil das so ist, haben auch die »Kirchen ihrerseits Religion im Wesentlichen auf Moral reduziert« (15). »[I]n einer Welt, in der Moral zur herrschenden Religion geworden ist, muss die traditionelle Religion Moral werden« (62). Damit aber werde die Religion »verkitscht und ihres eigentlichen Themas beraubt« (57), das Grau in der Einsicht sieht, dass die Gnade Gottes nicht abhängig ist von eigenen Taten und dem moralischen Zu-

---

dungsgänge und theologische Perspektiven (Praktische Theologie heute 180), Stuttgart 2021, 489–500.

[16] Vgl. Claas Cordemann, Kirche als Moralagentur? Eine Einleitung, in: Claas Cordemann/ Gundolf Holfert (Hrsg.): Moral ohne Bekenntnis? Zur Debatte um Kirche als zivilreligiöse Moralagentur, Leipzig 2017, 9–18, 9f.

[17] So spricht Johannes Fischer, Gefahr der Unduldsamkeit. Die »Öffentliche Theologie« der EKD ist problematisch, in: Zeitzeichen 17 (2016), 43–45, von einer problematischen Ethisierung der Kirche. Noch schärfer urteilt Friedrich-Wilhelm Graf in der Süddeutschen Zeitung vom 17. Mai 2010 »Gutmenschenreligion für Sinnhungrige. Bischof Huber erklärt seinen Glauben« über die selbstbewusste Glaubenslehre von Wolfgang Huber: Hier werde der »Christenglauben als eine Gutmenschenreligion für Sinnhungrige [präsentiert], die Gott brauchen, um nachhaltig ihren Müll zu trennen und den gerechten Frieden zu fördern. Diese Theologie kennt weder harte Arbeit am Begriff noch Selbstironie« (zit. nach: https://www.sueddeutsche.de/kultur/bischof-huber-erklaert-seinen-glauben-gutmenschen religion-fuer-sinnhungrige-1.689299.html [Stand: 01.06.2016]). Auch Christian Albrecht, Die Bibel folgt keiner Partei. Erschöpft sich der Protestantismus in politischen Interventionen? Oder erschöpft nur deren Einseitigkeit? Der Öffentlichen Theologie fehlt der Meinungsstreit, in: FAZ vom 16.03.2016, Nr. 4, kritisiert, dass die Öffentliche Theologie zu weltfremden Forderungen im predigtartigen, moralisierenden Ton neigt. Inwiefern der Sport in der Öffentlichen Theologie in den Blick kommt, behandelt Peter Noss, Inklusion in Kirche und Sport. Handlungsfeld der Öffentlichen Theologie, Göttingen 2019, bes. 37ff.

[18] Andreas Grau, Hypermoral. Die neue Lust der Empörung, München [3]2018, 10. Grau fährt fort: »Erstaunlich daran ist weniger die Moralisierung von Sachfragen an sich, sondern vielmehr die Kompromisslosigkeit, mit der dies geschieht. Dann natürlich *kann* man so ziemlich jede private oder gesellschaftliche Frage *auch* moralisch betrachten. Die Penetranz und Ausschließlichkeit, mit der dies heutzutage in westlichen Gesellschaften geschieht, ist jedoch auffällig und erklärungsbedürftig« (a. a. O., 11) (Seitenangaben im Text).

stand (64f.). Auch Horst G. Herrmann weist in seinem vieldiskutierten Buch »Im Moralapostolat« in diese Richtung: Herrmann beobachtet moralische Engführung, die er aber bereits in der Reformation grundgelegt sieht.[19] Zwar sei es Luther im Kern nicht um Moral und Ethik gegangen, sodass die Geburt der westlichen Moral aus dem Geist der Reformation unabsichtlich gewesen sei; allerdings sei der Reformation eine »funktional wirksame Hermeneutik des Ressentiments, des Verdachts und der delegitimierenden Ignoranz« (21) zu eigen, die sich nun in der moralischen Sprache austobe (vgl. 50f.). Und schließlich sei auch auf Hans Joas' Buch »Kirche als Moralagentur«[20] verwiesen. Nach Joas ist Kirche nicht Moral und daher werde die Kirche um ihre Pointe gebracht, wenn sie sich in ihrer moralischen Funktionalität für die Gesellschaft begründen will. Joas vermutet, »dass jede Selbstdeutung der Kirchen als zentral für den moralischen Zusammenhang der Gesellschaft eine Rechtfertigungsformel für ihre Daseinsberechtigung und für staatliche Subventionen sein soll« (63). Joas spricht von einem bundesrepublikanischen »Deal, der institutionelle Anerkennung im Austausch gegen Selbstbeschränkung aufs Moralische« bietet. Interessant ist nun, dass nach Joas dies zu einem zweifachen Versagen führt: Zum einen werde der Eigencharakter des Religiösen verfehlt, zum anderen aber auch der des Politischen. Wer denkt, der Auseinandersetzung mit der Komplexität eines Problems durch moralische Rede aus dem Wege gehen zu können, wirke naiv. »Arrogant wirkt, wer für die eigene politische Stellungnahme pauschal moralische Höherwertigkeit in Anspruch nimmt und nicht anerkennt, dass andere aus nicht weniger moralischen Impulsen heraus zu einer ganz anderen politischen Schlussfolgerung gelangen« (64).

Moral ist zur vorherrschenden Religion und der Moralexperte zum Hohepriester der Gesellschaft geworden: Er ist gern gesehener Redner auf Tagungen und Kongressen, Schmuck so manchen Gesprächsforums und so mancher Diskussionsrunde; die Meinung des Moralexperten ist allseits gefragt. David McNaughton brachte diese Tendenz bereits vor zwanzig Jahren auf den Punkt: »Die Nachfrage nach Moralexperten steigt. Sie werden gebeten, in Regierungskommissionen zu sitzen und in Ethikausschüssen von Krankenhäusern und Ähnlichem. Man hat außerdem das Gefühl, dass jeder Berufstätige sein eigener Amateur-Moraltheoretiker werden sollte; keine Weiterbildungsmaßnahme in einem beliebten Berufsfeld ist ohne einen Kursus in praktischer Ethik und Moraltheorie vollständig«[21]. Alle Bereiche des Lebens werden der moralischen Betrachtung unterzogen: die Art der Fortbewegung, die Ernährung, die Kleidung und der Sprachgebrauch. In jedem dieser Bereiche stehen wir vor der Gefahr der morali-

---

[19] Vgl. Horst G. Herrmann, Im Moralapostolat. Die Geburt der westlichen Moral aus dem Geist der Reformation, Berlin 2017, 12 (Seitenangaben im Text).

[20] Hans Joas, Kirche als Moralagentur?, München 2016 (Seitenangaben im Text).

[21] David McNaughton, Moralisches Sehen. Eine Einführung in die Ethik. Aus dem Engl. Übersetzt von L. Schewe, Frankfurt a. M. 2003, 238.

schen Kritik und des moralischen Scheiterns: Ist die Art meiner Fortbewegung umweltfreundlich genug? Führt meine Nahrung zu einer Ausbeutung der Tiere? Ist meine Kleidung durch Kinderarbeit hergestellt und ist sie ökologisch vertretbar? Bin ich in der Sprache gendersensibel genug?

Auch der Sport wurde und wird der moralischen Betrachtung unterzogen. Damit meine ich nicht nur, dass an Sportlerinnen und Sportler in der Öffentlichkeit immer höhere Anforderungen gerichtet werden. So kann eine Äußerung wie »Wir haben diese Taktik geübt bis zur Vergasung« einen den Job kosten, ganz zu schweigen von einer falsch versendeten SMS oder einer rüden Bemerkung in einer Umkleidekabine. Für unseren Zusammenhang ist entscheidend, dass auch im Sport selbst, dem Bereich des Zwecklosen, der, wie zu zeigen sein wird, sich vehement dagegen sträubt, in den Ernst des Alltags gezogen zu werden, plötzlich der Ernst des ethischen Vokabulars auftaucht. Neben Fragen nach der angemessenen Technik beim Speerwurf, eines kräfteschonenden Boxstils oder einer taktischen Variante im Fußball tauchen nun moralische Fragen nach der Menschenwürde, der Fairness oder des respektvollen Umgangs auf. Wie verhalten sich diese unterschiedlichen Fragerichtungen zueinander? Wie beziehe ich die Frage nach dem respektvollen Umgang in die Frage nach einer angemessenen Technik beim Speerwurf ein? Damit stoßen wir vor eine noch grundsätzlichere Frage: Wie sind diese moralischen Fragen überhaupt zu verstehen? Wie verhalten sie sich zu den Fragen, die die Anforderungen der jeweiligen Sportsituation betreffen? Der Fußballer fragt, wie seine Mannschaft aufgestellt sein muss, um den Ball in das Tor der gegnerischen Mannschaft zu befördern, ohne dabei eigene Tore zu kassieren – das ist sein Interesse, hierauf ist sein Blick gerichtet. Sein primäres Interesse scheint nicht der Verwirklichung von moralischen Werten wie Fairness oder Respekt zu gelten und daher scheint die Verwirklichung von Werten auch nicht seine Frage zu sein. Redet also derjenige, der diese Frage zur primären Frage des Fußballs erklärt, an den wahren Interessen des Fußballers vorbei? Oder ist dies bereits die falsche Frage, weil der Fußballer, der nicht die Verwirklichung der Werte »Fairness« und »Respekt« zu seiner Intention hat, bereits moralisch verwerfliche Intentionen besitzt? Sollte die Frage nach der Verwirklichung von Werten wie Fairness und Respekt nicht seine primäre Frage sein? Schließlich wird doch der Sport für diese Werte gerühmt. Verlangt die Moral, dass der Fußballer sein Interesse neu ausrichten soll – von der Verwirklichung eines in ein Tor mündenden Spielzuges zu einer Verwirklichung von Werten? Dann allerdings stellt sich sofort eine andere Frage: Würde eine solche neue Ausrichtung nicht bedeuten, dass der moralische Blickpunk den sportlichen verdrängt? Deutlich ist: Die Orientierungen und Überlegungen im Sport einerseits und die ethischen Überlegungen andererseits scheinen sich fremd, mindestens fremdelnd zueinander zu verhalten.

Wir stehen hier vor einem Problem, vor dem nicht nur der Sport steht, auf das der Sport aber in besonderer Weise aufmerksam macht: die Frage nach dem Geltungsbereich von Moral und moralischer Kommunikation. Moral – so Ulrich H. J. Körtner – ist kein von Politik, Recht, Wirtschaft, Wissenschaft oder Religion klar abgegrenztes System, sondern gliedert sich an alle sozialen Systeme an und kann ihre Kommunikation durchdringen. Daher stelle sich die Frage, »in welchen Fällen oder in welchem Ausmaß die Überlagerung der jeweiligen Kommunikation und des ihr zugrundeliegenden Basiscodes durch den Code der Moral wünschenswert erscheint und wann nicht«[22]. Die Gefahr der moralischen Kommunikation besteht darin, dass die moralische Kommunikation die Kommunikation des jeweiligen Systems verdrängt. Das Resultat dieser Desorientierung ist uns deutlich vor Augen: Menschen können dann die moralische Argumentation nicht mehr als hilfreich und orientierend für ihre Fragen und Probleme wahrnehmen, sondern haben das Gefühl, dass die eigenen Fragen und Probleme in der moralisch-ethischen Reflexion nicht mehr vorkommen, und umgekehrt, dass die Art und Weise, wie in der ethischen Reflexion Fragen und Probleme behandelt werden, sich im eigenen Leben nicht findet. Unsere lebensweltlichen Orientierungen scheinen dann nicht recht zu den ethischen Überlegungen zu passen, zumindest scheinen Letztere nicht aus Ersteren organisch zu erwachsen, sondern als fremd empfunden zu werden. Die ethische Perspektive scheint dann irgendwie nicht angemessen zu sein, vor allem dann, wenn wir selbst in den Systemen agieren und um die jeweiligen systemimmanenten Anforderungen wissen, die es zu bewältigen gilt und zu deren Bewältigung wir uns eigentlich von der Ethik Hilfe erwarten. Dieser Zwiespalt führt in der Regel nicht dazu, dass die ethische Reflexion kritisiert wird, sondern dass sie einfach handlungsunwirksam wird. Die Moral wird ausgelagert, insofern unsere »eigentliche« Moralität sich dann ausschließlich in unserer bloßen Zustimmung zu bestimmten Normen und Werten in bestimmten Kommunikationssettings zeigt. Diese Settings haben nicht die Aufgabe, Raum zu geben für die Auseinandersetzung mit sich selbst und dem eigenen Leben, sondern Raum zu geben, um Positionen zu entwickeln, die für das eigene Leben keine andere Bedeutung haben als die, anerkannt und für richtig befunden zu werden. Ethik wird dann nur noch zum moralischen Entertainment. Dies hat Ulrich Steinvorth scharf gesehen, wenn er davon spricht, dass »die Moralität heute zwar weitgehend nicht befolgt, aber anerkannt wird«[23]. Die neuzeitliche Moral sei eine Moral, bei der die Bewertungsgesichtspunkte der Moral allgemein anerkannt sind, ohne jedoch befolgt zu werden. »Die Selbstverständlichkeit, mit der man ihren Beurteilungsgesichtspunkten folgt, läßt übersehen, wie wenig selbstverständlich ihre Befolgung ist, und doch fordert sie, nicht nur im Urteilen, sondern auch im Handeln befolgt zu

[22] Ulrich H. J. Körtner, Moralisierung der Religion und Theologisierung der Moral, in: Christoph Breitsameter/Stephan Goertz (Hrsg.), Bibel und Moral – ethische und exegetische Zugänge (Jahrbuch für Moraltheologie Bd. 2), Freiburg/Basel/Wien 2019, 176–199, 176f.

[23] Ulrich Steinvorth, Ist Moralität Gewalt gegen sich selbst?, in: Brigitte Boothe/Philipp Stoellger (Hrsg.), Moral als Gift oder Gabe. Zur Ambivalenz von Moral und Religion, Würzburg 2004, 104–126, 107.

werden« (108f.). Die Moral erkaufe ihre allgemeine Anerkennung durch ihre »Handlungsunwirksamkeit« (108). Gerade aufgrund ihrer Handlungsunwirksamkeit kann sie auch so radikale Forderungen stellen.[24]

Insofern sich in der Frage nach dem Sport Exemplarisches zeigt, ist zu erwarten, dass der Sport nicht nur zum Gegenstand der moralischen Orientierung wird, sondern wir durch Sport herausgefordert werden, um mit Hilfe des Phänomens »Sport« auch Interessantes am etischen Phänomen zu entdecken.[25]

Eine Bemerkung zu der »theologischen Hinsicht«, von der im Untertitel gesprochen wird: Ethische Überlegungen in theologischer Hinsicht sind keine Überlegungen mit theologischen »Voraussetzungen«, die daher nur für einen Kreis von Eingeweihten geeignet sind, die diese Voraussetzungen – aus welchen Gründen auch immer – akzeptieren. Theologische Ethik ist etwas anderes als Esoterik. Daher erscheint es auch unangemessen, die Ethik – wie dies bei Wilfried Härle der Fall ist – auf vier Glaubensüberzeugungen aufzubauen, aus denen heraus dann deduziert wird.[26] »Theologische Hinsicht« heißt nicht mehr und nicht weniger, als dass in den – dem allgemeinen Verstehen verpflichteten – ethischen Überlegungen Fragestellungen, Gedanken und Traditionen aus theologischen Denkzusammenhängen verarbeitet werden und dass sie von ebensolchen (wenn auch nur implizit) geleitet sind.[27] Eine spezielle Begründungsweise ist damit nicht gemeint und damit ist auch kein bestimmter Kreis von Menschen angesprochen, der spezielle Begründungsweisen zu akzeptieren bereit ist, kurz: Die Qualifizierung einer Ethik als *theologischer* Ethik bezeichnet einen Entdeckungs- und keinen Begründungszusammenhang.

---

[24] Vgl. hierzu Michael Roth, Steckt die Ethik in der Krise? Abschließende Überlegungen zur Frage, wie die Theologische Ethik relevant werden kann, in: Michael Roth/Marcus Held (Hrsg.), Was ist theologische Ethik? Grundbestimmungen und Grundvorstellungen, Berlin/Boston 2018, 355–372.

[25] Im Folgenden geht es nicht darum, Grundlagen einer Sportethik zu entfalten, sondern lediglich darum, den Ansatz einer solchen freizulegen. Für die Grundlagen verweise ich auf: Frank Martin Brunn, Sportethik. Theologische Grundlegung und exemplarische Ausführung (TBT 169), Berlin/Bosten 2014. Vgl. hierzu auch den kurzen Überblick: Frank Martin Brunn, Sport in ethischer Perspektive, in: ders., Wettkampf und Wirklichkeitsverständnis. Anstöße zur Anthropologie und Ethik im Sport, Göttingen 2020, 220–234, 223ff.

[26] Vgl. Wilfried Härle, Ethik, Berlin/New York 2011, 134ff. Hierzu ebenfalls kritisch: Reiner Anselm, Lebensführung aus Freiheit. Zur Grundlegung einer evangelischen Ethik, in: Roth/Held (Hrsg.), Was ist theologische Ethik, 5–17, 5.

[27] Vgl. hierzu Michael Roth, Narrative Ethik. Überlegungen zu einer lebensnahen Disziplin, in: Ulrich Volp/Friedrich W. Horn/Ruben Zimmermann (Hrsg.), Metapher – Narratio – Mimesis – Doxologie. Begründungsformen frühchristlicher und antiker Ethik (WUNT 356), Tübingen 2016, 123–139.

II. Das »Wesen« des Sports

Vorbemerkungen

Unstrittig ist, dass der Sport ein sehr komplexes und vielfältiges Phänomen darstellt. Was ist eigentlich »Sport«? Die Frage »Was ist eigentlich Sport?« bzw. »Was ist das Wesen des Sports?« zu beantworten, scheint alles andere als leicht zu sein. Zum einen können als Sport höchst unterschiedliche Tätigkeiten bezeichnet werden, die auf den ersten Blick kaum etwas gemeinsam zu haben scheinen: Was hat das Turnen mit dem Rugby gemein, was ist das Verbindende von Rhythmischer Sportgymnastik und Boxen? Zum anderen scheint das, was für den einen »Sport« ist, für den anderen kein Sport zu sein: So ist für den einen Boxen kein Sport mehr, sondern eher eine wüste Schlägerei, für den anderen ist Tanzen kein Sport, sondern eher ein unmännliches Herumgehopse, ein Dritter will selbst seinen sonntäglichen Spaziergang als Sport verstanden wissen, während wiederum ein Vierter bestreitet, dass Joggen als Sport bezeichnet zu werden verdient. Ist die Bezeichnung irgendeiner Tätigkeit als Sport also »reine Geschmackssache«, weil Sport eben dasjenige ist, was man für Sport erklärt? (»Für mich ist das eben Sport!«) Oder können möglicherweise doch Gründe dafür angegeben werden, was vielleicht das Boxen von der Schlägerei unterscheidet und zum Sport macht, unter welchen Bedingungen eventuell auch Tanzen zum Sport zu werden vermag, warum vielleicht das Spaziergehen nicht als Sport zu verstehen ist und ob man Gründe dafür namhaft machen kann, dass das Joggen eventuell nicht ohne Weiteres unter die Laufsportarten zu rechnen ist?

Eine Definition des Sports fällt schwer, wie ein Definitionsversuch des Sports im »Sportwissenschaftlichen Lexikon« verdeutlicht: »S[port] wird in Form bestimmter Sportarten betrieben (in Sportvereinen, organisiert in Sportverbänden); als Wettkampfsport (als Leistungssport, Spitzensport, Berufssport); in der Schule als Sportunterricht bzw. Schulsport; unter vorwiegend gesundheitlichen Aspekten als Gesundheitssport (Trimm-Aktion), aus spielerischem Interesse als Breitensport, Freizeitsport, Familiensport, Sporttourismus; in spez. Institutionen als Betriebssport, Hochschulsport, Militärsport, Sport im Justizvollzug; in merkmalstypischen Personengruppen als Frauensport, Behindertensport, Alterssport;

in konfessionellen Vereinigungen (Kirche und Sport); in Form von (künstlerischer) Bewegungsgestaltung, als Tanz, Gymnastik; u. v. m.«[28]. Auf eine Definition der Wesensmerkmale des Sports wird verzichtet, vielmehr wird beschrieben, an welchen Orten der Sport getrieben wird, wer Sport treibt, warum Sport getrieben wird und in welchen Formen Sport getrieben wird. Auch die engere Definition von Herbert Haag führt in dieser Frage nicht weiter: »Sport« – so Haag – »ist eine Ausprägungsform menschlichen Bewegungsverhaltens. Zielsetzung, die am Sport beteiligten Personenkreise, Zeit und Ort zeigen eine große Vielfalt, womit die zentrale gesellschaftliche Bedeutung dieser Erscheinung gekennzeichnet ist. Sport ist ein Ausdruck kultureller Leistung des Menschen. Er unterliegt daher den für kulturelle Leistungen typischen Tendenzen der Ideologisierung, Professionalisierung, Organisierung, Pädagogisierung und Verwissenschaftlichung. Sport ist ein Kulturgut internationaler Prägung, wobei entsprechend der soziokulturellen Verschiedenheit spezifisch geographische Ausprägungsformen die Vielfalt dieser Erscheinung zusätzlich erhöhen. Konkretisierung erfährt Sport in zahlreichen Sportarten, denen je nach dem Handlungsfeld unterschiedliche Bedeutung zukommt«[29]. Auch Haag verweigert sich einer strengen Wesensbestimmung des Sports. Haag sieht eine solche »breite Wesensbestimmung des Sports« auch deshalb gerechtfertigt, weil eine verantwortungsbewusste Reflexion des Sports sich »den vielfältigen Verkörperungen von Bewegung, Spiel und Sport zuwenden muss«[30].

Nun muss man sicherlich zugestehen, dass eine Definition des Sports, die alle faktisch auftretenden, sich selbst als Sport bezeichnenden Tätigkeiten umfasst, nicht geleistet werden kann. Andererseits aber kann sich diese Untersuchung nicht mit einem Verzicht auf eine Wesensbestimmung des Sportes zufriedengeben. Gerade die Frage nach den Grenzen des Sports, die Frage, wann der Sport um seine Pointe und seinen Sinn gebracht wird, lassen die Frage nach dem virulent werden, was das Wesen des Sports ist. Welcher »Zweck« verträgt sich nicht mit dem »Selbstzweck« des Sports? Eine Wesensbestimmung scheint mir auch unserem Alltagsverständnis nicht ferne zu stehen: Zwar wird einerseits an den Rändern Sport unterschiedlich bestimmt (Ist Joggen ein Sport? Sind e-Sports zum Sport zu zählen?), andererseits gibt es Redewendungen wie »XY ist doch kein Sport mehr« bzw. »XY artet in Sport aus«, die darauf verweisen, dass wir eventuell doch eine Vorstellung von einem »Eigentlichen« des Sports haben, wenn sich auch faktisch auftretende Sportarten nicht immer daran halten.

---

[28] Peter Röthig/Robert Prohl, Art. Sport, in: dies. et al. (Hrsg.), Sportwissenschaftliches Lexikon, Schorndorf [7]2003, 493–495, bes. 493f.

[29] Herbert Haag, Bewegungskultur und Freizeit. Vom Grundbedürfnis nach Sport und Spiel, Osnabrück 1986, 30f.

[30] Herbert Haag, Einführung, in: ders. (Hrsg.), Sportphilosophie. Ein Handbuch, Schorndorf 1996, 7–19, 9.

Eine weiterführende Definition dessen, was Sport ist, findet sich bei Ommo Grupe und Michael Krüger in dem »Lexikon der Ethik im Sport«. Auch Grupe/Krüger setzen mit einer eher beschreibenden Betrachtung des Sports ein: »Unter ›Sport‹ werden heute die verschiedenen, nach Regeln betriebenen Leistungsübungen verstanden, die sowohl im kleineren, privaten Raum ausgeübt als auch über große und zum Teil weltweite Organisationen und Institutionen veranstaltet werden«[31]. Allerdings gehen Grupe/Krüger auch dazu über, nach dem Wesen dieser Leibesübungen zu fragen. So werden von Grupe/Krüger »Spiel«, »Wettkampf« und »Leistung« als Wesen dieser Leibesübung bezeichnet.[32] Der Sport scheint damit definiert zu sein als eine *körperliche und wettkämpferische Leistung in Form eines Spiels*. Von dieser Definition werde ich im Folgenden ausgehen.

Aus diesen einleitenden Bemerkungen ergibt sich der Gang der folgenden Untersuchung zum Wesen des Sports: So wird zunächst *die Leistung im Sport* in den Blick genommen (Kap. 1), in einem zweiten Schritt der *Sport als Spiel* bedacht (Kap. 2) und drittens dem Verhältnis von *Sport und Leib* nachgegangen (Kap. 3).

---

[31] Vgl. Ommo Grupe/Michael Krüger, Art. Sport, in: Lexikon der Ethik im Sport. Herausgegeben im Auftrag des Bundesinstituts für Sportwissenschaft von Ommo Grupe und Dietmar Mieth, Schorndorf 1998, 478–484, 478.

[32] Vgl. a. a. O., 483.

1 Leistung im Sport

Treffend formuliert Ommo Grupe: »Positive und ablehnende Bewertungen des Sports werden mit der Kategorie ›Leistung‹ gleichermaßen begründet«[33]. Ob die sportliche Leistung gerühmt wird, oder ob die sportliche Leistung der Kritik unterzogen wird – die Verbindung von Sport und Leistung scheint nicht strittig. Im Folgenden wollen wir die spezielle Form der sportlichen Leistung herausarbeiten.

1.1 Sport und Leistung – eine problematische Verbindung?

Jedes menschliche Handeln lässt sich unter dem Aspekt der Leistung betrachten. Insofern die Grundbedeutung von »Leistung« so viel wie »folgen«, »in der Spur bleiben«, einen »Anspruch erfüllen«[34] ist, bezeichnet der Begriff einen bestimmten Aspekt jeder menschlichen Handlung: Menschliches Handeln ist nämlich dadurch charakterisiert, dass es erstens eine Intention (Absicht) verfolgt und dass zweitens das Verfolgen der Absicht und ihre Realisierung durch bestimmte Mittel das Ergebnis bewusster Wahl sind. Mit dem Begriff der Leistung wird somit der Aspekt der Zielstrebigkeit und Stringenz in den Blick genommen, mit der eine Intention ihre Verwirklichung findet. Insofern ist Leistung ein Gütemaßstab, anhand dessen die Handlung und das Handlungsergebnis bewertet werden. So wird man Ommo Grupe zustimmen können, wenn er formuliert: »Aus

---

[33] Ommo Grupe, »Citius-altius-fortius«: Zur Ambivalenz von Leistung und Erfolg – Sinnzusammenhänge einer Spiel- und Sportkultur, in: Leistung zwischen Selbstentfaltung und Weltgestaltung. Menschen im Sport im Blick von Theologie und Sportwissenschaft. 25. Studienkurs des Arbeitskreises Kirche und Sport in der EKD vom 30. Januar bis 09. Februar 1995 in Sils Baseliga, o. O., o. J., 33-56, 34. Hierzu auch: Tim Nebelung, Theologie und Sportphilosophie. Der home sportivus aus theologisch-anthropologischer Perspektive, Saarbrücken 2007, 75ff.

[34] Wolfgang Huber, Art. Leistung, in: TRE XX, Berlin 1991, 729–733, 729.

anthropologischer und ethischer Sicht gehört es zu den unveräußerlichen Möglichkeiten des Menschen, etwas leisten zu können, dabei Inhalt, Maß und Ziel seiner Leistungen selbst festzulegen«[35].

Dieses Verständnis von Leistung steckt auch in dem Begriff »Leistungsgesellschaft«, bezeichnet der Begriff doch eine (wenn nicht gar: *die*) positive Errungenschaft moderner Gesellschaften, in denen Menschen ihre Stellung in der Gesellschaft nicht ihrer Herkunft, sondern ihrer eigenen Leistung zu verdanken haben. Zwar sind herausragende Leistungen zu allen Zeiten gesellschaftlich anerkannt worden, aber erst die frühen Theoretiker des Liberalismus wie Adam Smith und John Locke machten ›Leistung‹ zu einem umfassenden gesellschaftlichen Ordnungsprinzip. Was eine Person besitzt, welche soziale Stellung jemand innehat und welche Karriere sie oder er einschlagen kann, sollte nicht länger durch das ständische Prinzip der Herkunft bestimmt werden, sondern allein Ergebnis der eigenen Arbeit und Leistung sein. Das Modell der Leistungsgesellschaft prägt bis heute das Selbstverständnis moderner Nationen. Leistung ist eine *Fundamentalnorm* im Selbstverständnis moderner Gesellschaften. Kein gesellschaftliches Vorhaben der Gegenwart, das eine wirtschaftliche, sozial- oder bildungspolitische Modernisierung verspricht, verzichtet darauf, hierfür den Leistungsbegriff in Anspruch zu nehmen. Das Leistungsprinzip fungiert als einziger öffentlich rechtfertigungsfähiger Maßstab der Statusvergabe, über den die moderne Gesellschaft ihrem Selbstverständnis nach verfügt.[36] »Leistung führt zu Erfolg und Erfolg beruht auf Leistung« – so lässt sich das Versprechen der bürgerlichen Gesellschaft ausdrücken.

Dennoch wird »Leistung« häufig kritisch beargwöhnt. So wird bspw. der Begriff »Leistungsgesellschaft« gegenwärtig zumeist pejorativ gebraucht, etwa wenn unterstellt wird, Menschen würden auf ihre Leistung reduziert. Gerade in der evangelischen Kirche lässt sich ein Unwohlsein hinsichtlich der Rede von »Leistungen« konstatieren. Im Jahr 2007 veranstaltete die Evangelische Akademie Loccum eine Tagung zum Thema »Sprachlos gegenüber Leistung und Erfolg?«. Die Tagung hatte es sich zur Aufgabe gemacht, den Umgang der Kirche mit Leistung und Erfolg kritisch zu beschreiben. Ich zitiere aus dem Tagungsprogramm: »Es wird [in der kirchlichen Verkündigung] zu sehr das Versagen des Menschen betont, seine Gebrochenheit, Schwachheit und Erlösungsbedürftigkeit. Für die Würdigung der anderen Seite des Menschen – seine Kraft und sein Können, sein Selbstvertrauen und seine Erfolge – stehen jedoch kaum kirchliche Sprach- und Deutungsmuster zur Verfügung. Stattdessen gerät das Thema ›Leistung und Erfolg‹ allzu oft unter das grobschlächtige Verdikt illegitimer Werkgerechtigkeit und unsolidarischer Selbstdurchsetzung«. So macht Martin Laube

[35] Ommo Grupe, Art. Leistung/Leistungssport/Ethos des Leistens im Sport, in: Lexikon der Ethik im Sport, 331–336, 336.

[36] Vgl. Michael Roth, Sport und Alltag. Ethische Überlegungen zum Leistungsprinzip, Deutsches Pfarrerblatt 111 (2011), 424–426.

darauf aufmerksam, dass die Kirche weithin als »Ort sozialer ›Verlierer‹ und lebensferner ›Gutmenschen‹« gilt und eine »sozialstrukturelle Milieuverengung«[37] zu beobachten sei. In diese Richtung urteilt auch ein Referent der Tagung, Andreas Bauer von der Maketingberatung »Geyer & Bauer«. Bauer spricht gar von einem heimlichen Ressentiment der Kirche gegen Leistung und von Neidfaktoren innerhalb kirchlicher Kreise, die sich gerne dem »wohligen Gefühl der Schwäche«[38] hingeben. Und Johan Schloemann, der im Feuilleton der Süddeutschen Zeitung für Sachbücher, Geisteswissenschaft und Bildungsfragen zuständig ist, fragt auf derselben Tagung, ob es sich bei der Kirche gar um ein »Verlierermilieu« handelt.[39]

Ob das Thema »Leistung und Erfolg« in Theologie und Kirche tatsächlich (und vor allem: flächendeckend) »unter das grobschlächtige Verdikt illegitimer Werkgerechtigkeit und unsolidarischer Selbstdurchsetzung« geraten ist, bedürfte genauerer Untersuchungen, die auch zwischen unterschiedlichen Verständnissen von Leistung und Erfolg differenzieren müssten.[40] Nicht bestritten werden aber kann, dass diese Tendenz anzutreffen ist. Offenkundig hat sie ihre Wurzel

---

[37] Vgl. Martin Laube, Vorwort, in: ders., (Hrsg.), Sprachlos gegenüber Leistung und Erfolg? Das ambivalente Profil der Kirche in der Gesellschaft (Loccumer Protokolle 64/07), Rehburg-Loccum 2008, 5–8, 6.

[38] Andrea Bauer, Zwischen Bewunderung und Ressentiment. Das schwere Verhältnis zwischen Kirche und kapitalistischer Wirtschaft. Subjektive Eindrücke und mögliche Wahrheiten eines Marketingberaters, in: Laube (Hrsg.), Sprachlos gegenüber Leistung und Erfolg?, 167–172, 169.

[39] Vgl. Johan Schloemann, Die Kirche – ein Verlierermilieu?, in: Laube (Hrsg.), Sprachlos gegenüber Leistung und Erfolg?, 9–20.

[40] Verwiesen sei in diesem Zusammenhang auf die Überlegungen von Friederike Benthaus-Apel, »Leistungs-« und »Erfolgsorientierung« in sechs Lebensstilgruppen evangelischer Kirchenmitglieder, in: Laube (Hrsg.), Sprachlos gegenüber Leistung und Erfolg?, 73–110. Benthaus-Apel greift in ihrem Beitrag auf das Datenmaterial der vierten EKD-Erhebung über Kirchenmitgliedschaft »Kirche in der Vielfalt der Lebensbezüge« (vgl. Wolfgang Huber/Johannes Friedrich/Peter Steinacker [Hrsg.], Kirche in der Vielfalt der Lebensbezüge. Die vierte EKD-Erhebung über Kirchenmitgliedschaft, Gütersloh 2006) zurück und untersucht Einstellungen zu Leistung und Erfolg als Teilaspekte unterschiedlicher Weltsichten evangelischer Christen und Christinnen. Benthaus-Apel kommt zu dem Ergebnis, dass die Beantwortung der Frage, ob Kirche als Ort sozialer Verlierer oder Gutmenschen anzusehen ist, erhebliche Differenzierungen erfordert. Es »lassen sich vielfältige Formen des Umgangs mit den normativen Forderungen eines klassischen Leistungsbegriffes ausmachen, die von der ausgeprägten Distanz unauffällig-traditionsorientierter Evangelischer zu ›Leistung‹ bis hin zu jenen kirchlich eng verbundenen hochkulturell-traditionsorientierten Evangelischen reicht, die verschiedenen Merkmalen eines klassischen Leistungsbegriffs über fast alle Lebensbereiche hinweg zustimmen. Da nicht alle Lebensstilgruppen in gleicher Weise das kirchengemeindliche Leben aktiv gestalten, unterliegt die Frage, welcher Begriff von ›Leistung‹ Kirche kennzeichne, entsprechenden innerkirchlichen Aushandlungs- und Machtprozessen« (dies., »Leistungs-« und »Erfolgsorientierung«, 106f.).

in einem bestimmten Verständnis der Rechtfertigungsbotschaft, nämlich einem solchen, in dem die Rechtfertigungslehre, nach der ein Mensch von Gott unabhängig von seinen Leistungen angenommen wird, als eine kritische Reserve gegen die Leistungsgesellschaft ins Spiel gebracht wird.[41] So schreibt Helmut Gollwitzer in seinem Buch »Krummes Holz – aufrechter Gang«: »Wir suchen den Sinn unserer Existenz in unserer Leistung. In der modernen Leistungsgesellschaft ist der vor 400 Jahren geführte Streit um die Gerechtigkeit aus Werken von höchster Aktualität«[42]. »Leistung«, »Werk« und »Gerechtigkeit aus Werken« werden gleichgesetzt, die Rechtfertigungsbotschaft wird zur Kritik an einer Leistungsgesellschaft. Ganz ähnlich formuliert Jürgen Moltmann die Stoßrichtung der Rechtfertigungslehre: »Was immer also christlich als die *Heiligung* nach der Rechtfertigung, als der *neue Gehorsam* nach dem Glauben, als neues Gesetz, als *christliche Lebensführung* oder *Frömmigkeit* bezeichnet wird, muß mit ganz anderen Kategorien beschrieben werden als denen der Knechtschaft unter Leistungsgesetzen und Leistungszwängen«[43]. Die Rechtfertigungsbotschaft steht damit auch bei Moltmann quer zu einer Leistungsgesellschaft.

Nun soll und kann nicht bestritten werden, dass für reformatorische Theologie die Einsicht entscheidend ist, dass der Mensch nicht durch seine Leistungen Mensch wird. Dies ist aber etwas anderes als eine grundsätzliche Skepsis gegenüber Leistungen und Leistungsvergleich im zwischenmenschlichen Bereich. So wird durch die Rechtfertigungslehre zwar bestritten, dass die Person sich selbst konstituieren kann, nicht aber, dass die Person etwas aus sich machen kann. Vergleichgültigt werden Leistungen somit nur hinsichtlich der Frage nach der Konstitution des Menschen. Inwiefern die Rechtfertigungslehre dazu führt, alltägliche Leistungen, zu denen auch berufliche Leistungen gehören, zu vergleichgültigen, müsste erst aufgewiesen werden. Vieles scheint auch in die entgegengesetzte Richtung zu weisen. Ich erinnere an Martin Luthers Hochschätzung des weltlichen Berufs und an Max Webers Einsicht in die durch die Reformation ermöglichte Rationalität der Lebensführung. Andererseits tritt die namhaft gemachte Skepsis einiger Bereiche des Protestantismus gegenüber Leistungen vor allem in dem uns interessierenden Bereich zutage: dem Sport.[44]

---

[41] Vgl. Hans-Joachim Petsch, Leistung als Thema der Theologie, in: EvErz/ZPT 25 (1973), 326–340; sowie: Stefanie Schardien, Leistung – ein blinder Fleck der evangelischen Theologie, in: ZEE 54 (2010), 138–144.

[42] Helmut Gollwitzer, Krummes Holz – aufrechter Gang. Zur Frage nach dem Sinn des Lebens, München 1970, 317.

[43] Jürgen Moltmann, Die ersten Freigelassenen der Schöpfung. Versuche über die Freude an der Freiheit und das Wohlgefallen am Spiel, München 1971, 54.

[44] Vgl. hierzu: Michael Roth, Verlierermilieu contra Siegertypen? Kirchliche und theologische Kritik am sportlichen Leistungsprinzip, in: Michael Roth/Ulrich Volp (Hrsg.), Gut, besser, am besten. Ethische, theologische und historische Reflexionen zu Leistung und Erfolg in Sport, Kirche und Gesellschaft (Theologie – Kultur – Hermeneutik 20), Leipzig 2016, 149–162; Michael Roth, Das Beste geben: Leisten und Leistung, in: Henrik

Die kirchlichen Erklärungen sind zwar durchaus um eine positive Würdigung des Sports bemüht. So erkennt die gemeinsame Erklärung der Kirchen zum Sport aus dem Jahr 1990 »Sport und christliches Ethos« die Bedeutung des Sports an. Kritisch gesehen werden aber der hohe Erwartungsdruck, der auf dem Sportler laste, sowie die Gefährdung der Gesundheit durch das Streben nach Siegen.[45] In diese Richtung verweist auch die Denkschrift »Gestaltung und Kritik. Protestantismus und Kultur«, die sich unter dem Abschnitt »Begegnungsfelder« auf knapp drei Seiten dem Sport und dem Spiel widmet: Der unbedingte Siegeswille und die extreme Steigerung der Leistungsfähigkeit werden beargwöhnt.[46]

Auch die wissenschaftlich-theologischen Überlegungen zum Sport schießen sich auf den Leistungsaspekt des Sports ein, um diesen der Kritik zu unterziehen. So sieht Wolfgang Huber die Gefahr, dass aus einer Leistungsgesellschaft eine Erfolgsgesellschaft werde. In einer solchen Erfolgsgesellschaft genüge es nicht mehr, gut zu sein, vielmehr werde gefordert, besser als der andere zu sein. Auch der Sport laufe Gefahr, von einem Leistungssport zu einem Erfolgssport zu werden.[47] So zähle vor allem der Erfolg, weniger die Leistung. Nach Huber führe dies im Sport dazu, dass der Zweite oder der Dritte eines sportlichen Wettkampfes von den Reportern nur noch gefragt werde, wie er sich die Niederlage erklären könne.[48] Seine individuelle Leistung bleibe dabei unbeachtet. Huber hält es daher für angebracht, Kritik zu üben, wenn bei einem sportlichen Wettkampf die Auseinandersetzung mit dem Gegner, die Konkurrenz der Athleten, im Vordergrund steht. »In christlicher Sicht dürfen die Freude am Wettkampf und der Wille zur Leistung nicht dazu führen, dass sich der Gewinn oder der Verlust der Menschenwürde an Sieg oder Niederlage knüpft; die Unantastbarkeit der menschlichen Würde ist vielmehr auch für den Sport eine elementare Voraussetzung, ohne die er seine Humanität verliert«[49]. Es bestehe die Gefahr, dass gerade der sportliche Wettkampf um den Erfolg dazu führe, dass die Beteiligten dem Unterlegenen seine Würde absprechen, dies sei aber mit dem christlichen Menschenbild unvereinbar. Offensichtlich sieht Huber immer dann die Würde

---

Struve/Saskia von Münster (Hrsg.), Cross Move. Sport bewegt Menschen. Eine Chance für Gemeinden und Verbände, Stuttgart 2021, 29–34.

[45] Kirchenamt der EKD (Hrsg.), Sport und christliches Ethos. Gemeinsame Erklärung der Kirchen zum Sport, EKD-Texte 32, Hannover 1990, bes. 9.

[46] Kirchenamt der EKD (Hrsg.), Gestaltung und Kritik. Zum Verhältnis von Christentum und Kultur im neuen Jahrhundert, EKD-Texte 64, Hannover 1999, 56.

[47] Wolfgang Huber, Die drei Dimensionen des Sports und die Würde des Menschen, in: Olympisches Feuer. Zeitschrift der Deutschen Olympischen Gesellschaft. Offizielles Organ des Nationalen Olympischen Komitees für Deutschland 1 (1995), 9–10, bes. 9.

[48] Wolfgang Huber, Gewinner mit Gewissen. Erwartungen der Kirche an den Sport, in: Zeitzeichen 2 (2001), 32–33.

[49] Wolfgang Huber, Kirche und der Sport oder Der Umgang mit der Würde des Menschen, in: Olympisches Feuer. Zeitschrift der Deutschen Olympischen Gesellschaft. Offizielles Organ des Nationalen Olympischen Komitees für Deutschland 3 (2005), 6–7, 6f.

des Menschen in Gefahr, wenn es um das Erzielen von sportlichen Erfolgen geht. Gerade wenn der gesunde, starke und leistende Körper innerhalb der Gesellschaft verherrlicht werde, sei die Gefahr groß, den kranken und schwachen Körper zu verachten. Im Gegensatz zu solchen Bestrebungen des Sports – so weiß Huber zu berichten – habe Jesus Kranke und Behinderte nicht zu Menschen zweiter Klasse abgewertet, sodass Huber für das jesuanische Modell im Unterschied zum olympischen Modell des Menschen plädiert. »Natürlich« – so gesteht Huber ein – »findet auch bei den meisten Christen ein leistungsstarker Tennisprofi mehr Aufmerksamkeit als ein Spastiker, der in einer Werkstatt für Behinderte mühsam seinen Weg in die Selbständigkeit sucht«, doch versetze das jesuanische Modell den Menschen in die Lage, sein Interesse an dem Profisportler zu unterbrechen und die Arbeit eines Behinderten zu würdigen.[50]

Auch Heinrich Bedford-Strohm hält es für angebracht, den Leistungsbegriff im Sport zu korrigieren. Weil Leistung aus theologischer Sicht »nicht die Überrundung der Schwächeren im Wettbewerb« sei, sondern »die Förderung sozialer Beziehungen, die Stiftung von Gemeinschaft, in der alle einen Platz haben, gerade auch die Schwächeren«[51], habe die Theologie den Sport daran zu erinnern, dass Leistung »nur in zweiter Linie die schnellste Zeit, die meiste Punktzahl, die meisten Tore« ist, die eigentliche Leistung vielmehr der »gemeinschaftsstiftende Sinn des Sports« ist, dem auch die »Siegesaspirationen« nachzuordnen sind. Ein solches christliches Leistungsverständnis, das die eigentliche Leistung in der »Stiftung von Gemeinschaft, in der alle einen Platz haben, gerade auch die Schwächeren«[52], sieht, sei auch im Sport zu etablieren.

Eine ähnliche Haltung gegenüber dem Leistungsprinzip im Sport findet sich – um ein weiteres Beispiel für diese Argumentationsfigur anzuführen – auch bei Sigurd Martin Daecke: Der sportliche Wettkampf sei aus Sicht des Glaubens höchst problematisch, gehe es im sportlichen Wettkampf doch darum, die Gegner zu bekämpfen und zu besiegen, sodass der sportliche Wettkampf die Teilnehmer in Gewinner und Verlierer spalte. Diese Tatsache sei mit einem »Glauben, der Liebe und Demut, Frieden und Versöhnung verkündet«[53], nur schwer zu vereinbaren. Es müsse im Sport mehr um das Miteinander und Füreinander gehen als um das Gegeneinander.

Nun fällt auf, dass kirchliche und theologische Bezugnahmen zum Sport zwar einerseits darum bemüht sind – fast bekenntnishaft – zu betonen, dass die

---

[50] Wolfgang Huber, Die Würde des Menschen ist antastbar. Der Sport als Beispiel, in: Wolfgang Huber/Ommo Grupe (Hrsg.), Zwischen Kirchturm und Arena. Evangelische Kirche und Sport, Stuttgart 2000, 133–150, 145f.

[51] Heinrich Bedford-Strohm, Leistung aus theologischer Sicht, in: Leistung zwischen Selbstentfaltung und Weltgestaltung, 57–74, 74.

[52] Bedford-Strohm, Leistung, 71.

[53] Sigurd M. Daecke, Für Leibeslust statt Leistungsdruck. Sport als Ausdruck christlichen Schöpfungsglaubens, in: EvK 29 (1996), 392–394, 393.

Bedeutung des Sports für den Einzelnen und die Gesellschaft anerkannt wird, andererseits aber dem Leistungsprinzip des Sports misstrauisch begegnen.[54] Sind die in Kirche und Theologie vorgetragenen Mahnungen, Warnungen und Einwände sinnvoll oder verkennen sie das Wesen der sportlichen Leistung und können deshalb in der sportlichen Praxis nicht aufgenommen und verarbeitet werden?

1.2 Sportlicher Leistungsvergleich

»Sport ohne Leistung ist Kappes«[55] – so formuliert der frühere DSB Präsident Willi Weyer in seiner westfälischen Mundart. Zu Recht urteilt Sven Güldenpfennig im Blick auf diese Kurzformel, dass sie trivial ist, d. h. zugleich richtig und gehaltsarm: »Richtig heißt: Sie ist nicht mit guten Gründen bestreitbar. Gehaltsarm heißt: Sie stellt nichts fest, womit der Sport eindeutig von anderen sozialen Erscheinungen abgegrenzt würde – in einem so allgemeinen Sinn ist jegliches soziale Handeln auf Leistung aufgebaut«[56]. Blickt man auf die Leistungen im Sport, so fällt zunächst auf, dass es im Sport nicht bloß um *Leistungen* geht, sondern der *Vergleich von Leistungen* im Mittelpunkt des sportlichen Geschehens steht. Es geht nicht um »hoch«, »schnell« oder »weit«, sondern um »höher, schneller, weiter«.

Das Vergleichen von Leistungen erscheint geradezu als eines der entscheidendsten Charakteristika und Definitionsmerkmale des Sports; denn es scheint sich keine Form des Sporttreibens namhaft machen zu lassen, bei der es nicht um einen Vergleich von Leistungen geht. Dabei allerdings darf der Vergleich von Leistungen nicht zu eng gefasst werden. So ist es nicht entscheidend, *welche* Leistungen miteinander verglichen werden: das Springen, das Laufen, der Umgang mit einem Ball etc. Entscheidend ist auch nicht, ob es Leistungen von Einzelnen sind, die miteinander verglichen werden (sog. Einzelsportarten), oder ob es die Leistungen von Gruppen sind (sog. Mannschaftssportarten). Entscheidend ist schließlich auch nicht, ob es sich um einen Leistungsvergleich zwischen unterschiedlichen Subjekten handelt. So kann der Leistungsvergleich darin bestehen, dass sich der Sportler mit den Leistungen seiner Konkurrenten vergleicht: War man besser oder schlechter als der Konkurrent? Der Leistungsvergleich kann aber auch darin bestehen, dass sich der Sportler mit seinen eigenen

---

[54] Dies bemerkt auch Simon Johnen, Kritische Beurteilung der Sicht der Evangelischen Kirche auf den Sport [Schriftliche Hausarbeit im Rahmen der Ersten Staatsprüfung], Köln 2011, 58.

[55] Willi Weyer, zit. nach: Arno Müller, Leistung und Erfolg im modernen Leistungssport, in: Leipziger Sportwissenschaftliche Beiträge 57 (2016), 9–20, 10.

[56] Sven Güldenpfennig, Philosophie der sportlichen Leistung, in: Herbert Haag (Hrsg.), Sportphilosophie, 173–208, 174.

Leistungen vergleicht: War man besser oder schlechter als zuvor? Entscheidend hinsichtlich der Leistung ist zunächst nur, dass ein Leistungsvergleich stattfindet. Im Sport geht um eine *Konkurrenz hinsichtlich der Leistungen.*

Dass der Leistungsvergleich ein entscheidendes Charakteristikum des Sports ist, sehen wir bereits daran, dass wir von bestimmten Tätigkeiten gerade dann behaupten, sie würden »zu Sport« oder »sie arten in Sport aus«, wenn man einen Leistungsvergleich aus ihnen macht, beispielsweise wenn jemand sein Liebesleben in einer Weise betreibt, dass es ihm dabei auf eine Steigerung seiner Leistungen ankommt und er sich in Konkurrenz sieht, sei es in Bezug auf seine bereits vollbrachten Leistungen, sei es im Vergleich zu anderen oder im Vergleich zu dem, was er für guten Durchschnitt hält. Umgekehrt behauptet man gerade dann, dass eine Tätigkeit »kein Sport mehr« ist, wenn der Leistungsvergleich ganz in den Hintergrund tritt: zwei Menschen, die sich auf dem Tennisplatz nur noch die Bälle zuspielen, ohne sich dabei in einem Wettstreit zu befinden. »Soll das etwa Sport sein?« mag die verwunderte Reaktion auf dieses Schauspiel sein. So reden wir in der Regel immer dann, wenn der Leistungsvergleich zurücktritt oder gar gänzlich fehlt, davon, dass etwas »kein Sport mehr« ist, während wir davon reden, dass etwas »in Sport ausartet«, wenn es kompetitive Züge zu tragen beginnt. Deutlich wird damit aber auch, warum verschiedene Tätigkeiten sich dagegen zu sträuben scheinen, als Sport verstanden zu werden. So lassen sich Wandern und Joggen nur schwer als ein sportliches Geschehen verstehen, weil ihnen das Moment des Leistungsvergleichs fehlt und sie sich damit nicht als Konkurrenzsituation gestalten. Allerdings können auch sie unter sportlichem Gesichtspunkt betrieben werden. Dies ist genau dann der Fall, wenn in ihnen ein Leistungsvergleich angestrebt und damit eine Konkurrenzsituation geschaffen wird. So könnte man beim Joggen versuchen, länger oder schneller zu joggen als zuvor, oder man könnte versuchen, eine weitere Strecke zu wandern, als man dies beim letzten Mal geschafft hat. In beiden Fällen erstrebt man zwar keinen Vergleich mit Leistungen anderer, aber doch mit eigenen, zuvor erbrachten Leistungen. Gerade das Wandern erscheint allerdings unter einem sportlichen Gesichtspunkt um seine Pointe gebracht zu werden, ist es doch durch eine gewisse Muße und Entspannung und einem wohlverstandenen Ausbleiben von Zielstrebigkeit gekennzeichnet, so sehr es körperlich herausfordernd sein kann. Unsere Überlegungen zeigen, dass jede Kritik am Leistungsprinzip des Sports und jeder Versuch, diese Konkurrenz hinsichtlich der Leistungen im Sport durch einen »Sport ohne Leistungen« oder auch »Sport ohne Leistungsvergleich« (Stichwort: »Sport ohne Stoppuhr«[57]) zu korrigieren, zu

[57] Günter Grass, Sport ohne Stoppuhr, in: Deutscher Sportbund (Hrsg.), Deutscher Sport II, München 1971, 18–25.

übersehen droht, dass ganz offensichtlich die Konkurrenz hinsichtlich der Leistung wesentliches Element des Sports ist.[58]

Wenn wir daher festhalten, dass Sport ohne Leistungen kein Sport ist, insofern bei jeder Form des Sporttreibens Leistungen erbracht werden und Leistungen miteinander verglichen werden, wäre es natürlich sinnlos, Leistung ausschließlich mit dem Spitzensport und dem so genannten »Leistungssport« in Verbindung zu bringen. Ist der Leistungssport ausgezeichnet durch die planmäßige Vorbereitung auf das eigentliche Ereignis des Leistungsvollzugs im Wettkampf, durch langfristiges Training und entsprechendes Üben, sind sportliche Leistungen im Leistungssport natürlich nicht dasselbe wie Leistungen im Breitensport. Dies liegt nicht zuletzt an den unterschiedlichen Rollen, die der Sport jeweils im Leben des Sporttreibenden spielt, und den Erwartungen, die an das sportliche Event gerichtet werden. Auch hierauf werden wir noch zu sprechen kommen müssen. Doch auch trotz der unterschiedlichen Bedeutung, die der Leistung jeweils zugemessen wird, und trotz der unterschiedlichen Erwartungen, die an sie gerichtet werden, gehören Konkurrenz und Leistungsvergleich gleichermaßen zum Breitensport[59]: »Leistung und Leistungsvergleich [bilden] kein grundsätzliches Hindernis gegen den Sport für alle«[60]. So wird man Christian Graf von Krockow zustimmen können, wenn er formuliert: »Leistung, Konkurrenz, Gleichheit: Was den Sport so symbolträchtig macht, ihm Faszinationskraft verleiht, ist nicht zuletzt die Exaktheit, mit der er diese Grundprinzipien [...] verwirklicht«[61].

1.3 Leistung und Sport im Alltag

Um den Leistungsvergleich im Sport zu ermöglichen, sind sowohl die *Chancengleichheit* als auch die *Nachprüfbarkeit* von Leistungen wesentliche Voraussetzungen des Sports. Chancengleichheit und die Nachprüfbarkeit von Leistungen haben die Funktion, die notwendigen Bedingungen zu schaffen, die einen möglichst exakten Vergleich von Leistungen ermöglichen. Der Versuch, gleiche Chancen zu schaffen und Leistungen nachprüfbar zu machen, führt zu dem typischen Erscheinungsbild des Sports. Im Sport wird ein künstliches Setting geschaffen (es spielt sich weder innerhalb des alltäglichen Geschehens ab, noch entwickelt es sich direkt aus dem Alltagsgeschehen heraus), das durch ein Regelwerk etabliert und am Leben gehalten wird. Ziel dieses Regelwerkes ist es,

---

[58] So zu Recht Jürgen Palm, Leistungsmotivation im Nahfeld persönlicher Leistungsfähigkeit. Zur Rolle des Wettbewerbs im Breiten- und Freizeitsport, in: Sportwissenschaft 23 (1993), 142–158, 143.

[59] Vgl. hierzu Herbert Haag, Sportphilosophie, Frankfurt a. M. 1995, 83.

[60] Palm, Leistungsmotivation im Nahfeld persönlicher Leistungserwartungen, 147.

[61] Christian Graf von Krockow, Sport und Industriegesellschaft, München 1972, 94.

eine Situation genau zu beschreiben, in der eine Leistung erbracht werden kann, die möglichst unter gleichen Bedingungen und Chancen abläuft und dazu möglichst exakt messbar ist. Indem das Regelwerk einen Bereich exakt abgrenzt, schützt es ihn vor Übergriffen aus dem Alltag. Der Sport etabliert seine eigene Welt.[62]

Die Eigenart des sportlichen Leistungsvergleichs wird gerade dann deutlich, wenn man bedenkt, dass eine Konkurrenz hinsichtlich der Leistung nicht nur innerhalb des sportlichen Geschehens stattfindet, sondern auch außerhalb des Sports um Leistungen konkurriert wird, etwa im Berufsleben. Eine Reihe von Unterschieden tritt hier zutage. Die fundamentalste Differenz zwischen beruflichem und sportlichem Leistungsvergleich tritt bereits in dem Sachverhalt zutage, dass die berufliche Konkurrenz nicht verabredet ist. Während Kollege A mit Kollegen B konkurriert, konkurriert Kollege B unter Umständen nicht mit Kollegen A, ist eventuell sogar überrascht, wenn er von dem Konkurrenzempfinden von Kollegen A erfährt. Der Offenheit der Konkurrenz im Sport steht häufig die heimliche, ja verschlagene Konkurrenz im beruflichen Alltag gegenüber. Ebenso wenig ist bei der beruflichen Konkurrenz eine Vereinbarung dahingehend getroffen, *worin* miteinander konkurriert werden soll. Eine berufliche Tätigkeit ist extrem vielfältig. Hinsichtlich welchen Aspektes der beruflichen Anforderung soll konkurriert werden? Und vor allem: Sind die Vorrausetzungen der jeweils erbrachten Leistungen gleich, sodass der Konkurrenzkampf als fair bezeichnet werden darf? Stellen wir uns zwei Gas-Wasser-Installateurinnen vor, die hinsichtlich ihrer Arbeit miteinander konkurrieren. Hier kommt es schon zu einer zu klärenden Frage: Was macht eigentlich die Qualität einer Gas-Wasser-Installateurin aus? Die Strecke der verlegten Rohre? Die Schnelligkeit, mit der die Rohre verlegt werden? Die Sicherheit der verlegten Rohrstrecke? Die gute Betreuung der Kunden? Wenn die beiden Gas- und Wasserinstallateurinnen einen offenen und fairen Leistungsvergleich anstreben, müssen sie zunächst eine Konkurrenz verabreden, d. h. beiden muss klar sein, dass überhaupt ein Leistungsvergleich stattfindet. Dann muss genau festgelegt werden, hinsichtlich welcher Leistung miteinander konkurriert wird. Dazu kommt noch ein dritter Punkt: Nehmen wir an, die beiden Gas-Wasser-Installateurinnen verabreden, hinsichtlich der Strecke der am Tag verlegten Rohre zu konkurrieren (alle anderen Aspekte ihrer Arbeit sollen keine Rolle spielen). Dann ist zu bedenken, dass natürlich nicht jedes Haus das gleiche Rohrsystem besitzt, dass die Beschaffenheit der Häuser sich unterscheidet, dass unterschiedliche Störmanöver die Arbeit jeweils unterschiedlich beeinträchtigen. Um einen fairen Leistungsvergleich hinzubekommen, müsste man versuchen, die Unterschiede zu minimieren. Das geht aber nur, indem ein künstliches Setting geschaffen wird; denn – um gleiche Ausgangsbedingungen zu haben – müsste eine Art Rohr-Parkour aufgebaut

---

[62] Von daher spricht Sven Güldenpfennig zu Recht von der »Eigen-Welt« des Sports (ders., Kritik und Eigensinn. Der Sport der Gesellschaft, Sankt Augustin 2000, 51).

werden. Damit aber würde nicht mehr reale Arbeit, sondern würden »künstliche« Leistungen miteinander verglichen. Je exakter und damit fairer der Leistungsvergleich sein soll, desto künstlicher muss das Setting sein und desto künstlicher müssen die Leistungen sein, weil es solche sein müssen, die sich exakt messen lassen – was für Leistungen des Alltags weitgehend nicht der Fall ist. Von dem im beruflichen Alltag erlebten Leistungsvergleich hebt sich derjenige Leistungsvergleich deutlich ab, der im sportlichen Event etabliert wird.

Erstens: Die Sportler befinden sich keineswegs plötzlich in einer nicht genau beschriebenen und definierten Konkurrenzsituation. Vielmehr ist der Leistungsvergleich vorher verabredet. Daher wird im Sport auch nicht auf irgendeine Weise heimlich, verdeckt und verschleiernd, sondern mit offenem Visier konkurriert. Durch die Teilnahme an dem sportlichen Event bekennt jeder der Teilnehmer offen (vor sich selbst und vor den anderen), dass er an dem Leistungsvergleich interessiert ist und gewillt ist, sich darum zu bemühen, seine ihm bestmögliche Leistung zu erbringen. Es wäre absurd, wenn nach einem 100-Meter-Lauf der Unterlegene zum Sieger geht und – statt ihm zu gratulieren – entgegnet: »Du scheinst dich mit mir in einer Konkurrenzsituation zu sehen, das finde ich bedauerlich. Du solltest an dir arbeiten!« Von daher ist auch der Satz »Dabei sein ist alles« nicht ganz unproblematisch. Unproblematisch ist er, wenn damit zum Ausdruck gebracht werden soll, dass das Verlieren-Können Voraussetzung dafür ist, an einem sportlichen Leistungsvergleich teilzunehmen (s. u.). Als problematisch hingegen ist er zu beurteilen, wenn er den Unterschied zwischen Gewinnen und Verlieren für gleichgültig erklärt. Von daher wäre es für den Sieger in einem 100-Meter-Lauf höchst unerfreulich, wenn sein Gegner auf ihn zukommt und ihm mit den Worten gratuliert: »Herzlichen Glückwunsch, aber ich habe mich gar nicht angestrengt, denn ich finde, dass es nicht darauf ankommt, Sieger zu sein«.

Zweitens: Der Leistungsvergleich findet nicht im alltäglichen Leben statt, sondern in einem künstlichen Setting, das Chancengleichheit gewährt. Im sportlichen Regelwerk wird eine (künstlich) zu etablierende Situation beschrieben, in der die einzelnen Sportler jeweils die gleichen Bedingungen antreffen. Ausgeschaltet wird alles, was eine Ungleichheit schaffen würde. Gerade hieraus ergibt sich Nicht-Alltäglichkeit des sportlichen Settings; denn es sind die Ungleichheiten des alltäglichen Konkurrenzkampfes, die das sportliche Regelwerk (so weit wie möglich) auszuschalten sucht.

Drittens: Die Leistungen, die im sportlichen Event miteinander verglichen werden, sind solche, die sich nachprüfen und messen lassen. Um die Nachprüfbarkeit von Leistungen zu ermöglichen, werden einzelne Parameter isoliert und damit genau beschrieben, auf was es bei der sportlichen Leistung »ankommt«. Über diesen Zweck bestehen daher keine Missverständnisse – und keine Möglichkeit, sich damit zu entschuldigen, man habe eben einen anderen Zweck verfolgt. Wer bei einem 100-Meter-Lauf verliert und nachher erklärt, ihm wäre es nicht so wichtig gewesen, möglichst schnell zu laufen, sondern möglichst elegant, macht sich lächerlich; denn jeder, der zu einem 100-Meter-Lauf antritt, erklärt sich damit einverstanden, dass es darum geht, möglichst schnell die Strecke zu bewältigen. Er gibt kund, dass die Kriterien, nach denen über die Leistung entschieden wird, ihm bekannt sind und er sie akzeptiert.

1.4 Sportliche Fairness

Im Blick auf diese drei wesentlichen Elemente des sportlichen Leistungsvergleichs (Offenheit, Chancengleichheit und Vergleichbarkeit von Leistungen) kann man prägnant formulieren: Der im Sport intendierte Leistungsvergleich ist seiner Idee nach offen, ehrlich und fair. In dieser Offenheit, Ehrlichkeit und Fairness des sportlichen Leistungsvergleichs liegt eine der großen Faszinationen des Sports, nicht nur für den Sporttreibenden, sondern auch für den Zuschauer. Dieser will einen offenen, ehrlichen und fairen Leistungsvergleich sehen. Gerade daher werden der Sportler und sein Ethos gerühmt – nicht nur in der Antike. In seinem Buch »Im Dickicht der Fäuste« widmet sich Wolf Wondratschek ausführlich dem Ruhm des Boxsportes. In dem hierin enthaltenen Essay »Im Wendekreis des Solarplexus« erinnert Wondratschek an die bekannte rhetorische Frage von Norman Mailer: »Gibt es [...] etwas Normaleres, als daß sich zwei Männer, austrainiert und mit dem unbedingten Willen zum Sieg, unter Beachtung gültiger Regeln, miteinander messen?«[63]. Wie ist diese Faszination Wondratscheks für den Boxsport zu erklären? Wondratschek weiß sehr wohl um die Anstößigkeit des Boxsports: »Es ist nicht nur für die Mentalität sensibler Intellektueller eine Herausforderung, daß einem Menschen einfallen kann, Boxkämpfe faszinierend zu finden, sich an ihnen gar aktiv zu beteiligen. Ganz unerträglich ist die Vorstellung, daß es auch Dichter waren und Schriftsteller, und nicht die schlechtesten, die sich der absurden Kühnheit schuldig gemacht haben, diesen Sport, sein Milieu und seine Helden zu verstehen, zu beschreiben – und manchmal, mit guten Gründen, zu verherrlichen« (55f). Gerade diese intellektuelle Verachtung des Boxsportes aber lässt Wondratschek nicht gelten, sondern wendet sie gegen die Intellektuellen selbst: »Sensiblen Intellektuellen scheint Zivilisation erst vollkommen zu sein, wenn dieser Sport nicht mehr existiert. Einen Tritt für jeden, der sich im Wohlstand nicht anpaßt, aber keine Boxhiebe, bitte. Nicht diese blutigen Ballette, keine Gladiatorenkämpfe. Sie hinterlassen auf den Gewissen der Selbstzufriedenen einen Schandfleck. Die prügeln, aber sie tun es mit den Fingerspitzen. Die gehen über Leichen, aber lautlos. Die treiben die Verlorenen in die Wüste und weinen ihnen dann heuchlerisch hinterher, mit Sozialprogrammen. Ihre Tränen aber löschen keinen Durst. Bei Boxkämpfen befällt sie Unwohlsein, von dem sie sich erst wieder erholen, wenn sie zurückkehren in

[63] Wolf Wondratschek, Im Wendekreis des Solarplexus, in: ders., Im Dickicht der Fäuste. Vom Boxen, München 2005, 52–70, 58 (Seitenangaben im Text).

den Schlagabtausch um ihre eigenen Interessen. Daß es jemand noch nötig haben soll, mit seinen zwei Fäusten sich durchzuboxen, muß jedem schleierhaft vorkommen, der über die Strategie seiner Ellbogen Kenntnisse besitzt« (56). Deutlich gibt die Passage zum einen zu erkennen, worin Wondratschek die Faszination des Boxkampfes erblickt, zum anderen, aus welchem Grund er der intellektuellen Verachtung des Boxsports zutiefst misstraut und in ihr nichts als Scheinheiligkeit zu erkennen vermag: Die Offenheit und Ehrlichkeit des Boxkampfes wird der Verdecktheit und Feigheit des alltäglichen zwischenmenschlichen Umgangs gegenübergestellt: Der offene »Boxhieb« wird kontrastiert durch den »heimlichen Tritt«, das Prügeln mit »Fingerspitzen« und dem »lautlos[en]« Gehen über Leichen. Besonders deutlich wird der Vergleich in dem letzten Satz der zitierten Passage: Hier wird das Boxen mit zwei Fäusten der Ellenbogenstrategie entgegengestellt. Gerade der Einsatz von Ellenbogen steht für die Verdecktheit und Hinterhältigkeit des Umgangs miteinander. Wondratschek kann daher nicht gelten lassen, dass die Verächter des Boxsportes sich gegen den hier waltenden Kampf wehren: Auch sie kämpfen, und zwar nicht minder brutal (über »Leichen« gehen). So ist es nach Wondratschek nicht die Kampfsituation, die die friedfertigen Intellektuellen nicht ertragen, es ist auch nicht die hier waltende Brutalität, sondern die Offenheit und die Ehrlichkeit des boxerischen Wettstreites. Weder erlaubt es der boxerische Wettkampf nämlich, verdeckt zuzuschlagen noch auch, sich über die Kampfsituation hinwegzutäuschen. Der Boxer zeichnet sich nicht dadurch aus, dass er konkurrieren und kämpfen will, er zeichnet sich auch nicht dadurch aus, dass er die Brutalität liebt, sondern dadurch, dass er keinen heimlichen, verschlagenen, sondern einen offenen und fairen Kampf kämpfen will.

Nun ist allerdings gegen unsere bisherigen Überlegungen zum sportlichen Leistungsvergleich ein ernstzunehmender Einwand denkbar. Zur Frage steht, ob der Leistungsvergleich im Sport tatsächlich so fair, offen und ehrlich ist, wie es Wondratschek beim Boxen rühmt. Lebt nicht jede Form des Kampfes von der Täuschung und damit auch von der Lüge?[64] In dieser Weise argumentiert in Bezug auf die kriegerische Auseinandersetzung bereits Sunzi, der 500 v. Chr. zunächst Philosoph war, bevor ihn Helu, der König von Wu, zum obersten General seiner Armeen ernannte. Als Denker hatte er mit seinem Werk »Die Kunst des Krieges«, der ersten strategischen Abhandlung in schriftlicher Form, die Aufmerksamkeit des Herrschers erlangt. Sunzi formuliert: »Jede Kriegführung gründet auf Täuschung. Wenn wir also fähig sind anzugreifen, müssen wir unfähig erscheinen; wenn wir unsere Streitkräfte einsetzen, müssen wir inaktiv er-

[64] Vgl. zu diesem Problem den knappen, aber äußerst instruktiven Überblick von Gunnar Drexel, Art. Täuschung/Lügen, in: Lexikon der Ethik im Sport, 553-557; ausführlicher: ders., Zur Ethik des Täuschens im Sport. Eine theoretische Studie zu den Täuschungshandlungen »Finte im Sport« und »Lüge im Alltag«, in: Klaus Cachay/Gunnar Drexel/Elk Franke (Hrsg.), Ethik im Sportspiel, Clausthal-Zellerfeld 1990, 128-166.

scheinen; wenn wir nahe sind, müssen wir den Feind glauben machen, dass wir weit entfernt sind; wenn wir weit entfernt sind, müssen wir ihn glauben machen, dass wir nahe sind. Lege Köder aus, um den Feind zu verführen. Täusche Unordnung vor und zerschmettere ihn. Wenn der Feind in allen Punkten sicher ist, dann sei auf ihn vorbereitet. Wenn er an Kräften überlegen ist, dann weiche ihm aus. Wenn der Gegner ein cholerisches Temperament hat, dann versuche ihn zu reizen. Wenn er sich sammeln will, dann gib ihm keine Ruhe. Wenn er seine Streitkräfte vereinen will, dann zersplittere sie. Greife an, wo er unvorbereitet ist, tauche auf, wo du nicht erwartet wirst. Der General, der seine Schlacht gewinnt, stellt vor dem Kampf im Geiste viele Berechnungen an. Der General, der verliert, stellt vorher kaum Berechnungen an. So führen viele Berechnungen zum Sieg und wenige Berechnungen zur Niederlage – überhaupt keine erst recht! Indem ich diesem Punkt Aufmerksamkeit widme, kann ich vorhersagen, wer siegen oder unterliegen wird«[65]. Nun ist nicht nur deutlich, dass solche Täuschungen wesentliches Element der Kriegsführung sind, sondern auch im alltäglichen Leben vorkommen, sozusagen in den alltäglichen Kleinkriegen, sei es am Arbeitsplatz, im alltäglichen Ehedrama zwischen Martha und George in Edward Albees »Who Is Afraid of Virginia Woolf?«, ja selbst beim Anstehen an der Supermarktkasse. Damit gilt erneut zu fragen: Gilt diese Täuschung, die Sunzi für ein wesentliches Element der Kriegsführung hält, nicht auch für den sportlichen Wettkampf? Macht sie nicht geradezu den Reiz des Sportes aus? Der Boxer lässt seine Deckung hängen, um seinen Gegner über seine noch vorhandenen Reserven zu täuschen, er »täuscht« mit der Linken »an«, während er seine Rechte schlagkräftig zum Einsatz bringt. Der Elfmeterschütze versucht durch Körperhaltung und Antritt den Torwart darüber zu täuschen, in welche Ecke er schießt. Überspitzt formuliert: Es scheint fast so in Bezug auf die soeben zitierte Passage von Sunzis »Kunst des Krieges«, als beschreibe er die »Kunst des Sports«: Legt eine Mannschaft, die eine Abseitsfalle vorbereitet, nicht einen »Köder« aus? Wird nicht auch im sportlichen Geschehen versucht, den Gegner zu reizen, ihn zum Übermut zu verführen, damit er Fehler begeht? Kann es im Fußball nicht gerade geboten sein, eine Mannschaft, die gerade (etwa nach einem Gegentor) unorganisiert ist, durch aggressives Pressing nicht zur Ruhe kommen zu lassen, um dadurch zu verhindern, dass sie »zu ihrem Spiel findet«?

Man wird im Blick auf den Sport nicht bestreiten können, dass das An- und Vortäuschen, dass sogenannte »Fintieren«, in den verschiedenen Sportarten in ganz unterschiedlicher Typik Anwendung findet. Finten – so definiert Kurt Meinel – sind Aktionen zur irreführenden Beeinflussung der Bewegungsantizipation beim Gegner. Sie sind »allgemein darauf abgestellt, daß der Gegner falsch reagieren soll. Er soll zur Vorannahme einer Bewegung veranlasst werden, die

[65] Sunzi, Die Kunst des Krieges, München 1988, 24.

nur vorgetäuscht, aber nicht wirklich ausgeführt wird«[66]. In gleicher Weise urteilt Klaus Bös: »Die Täuschung besteht in einer Veränderung der einer normalen Bewegungsausführung zugrunde liegenden Bewegungsstruktur. Ein Gegner wird meist dadurch getäuscht, dass in der Vorbereitungsphase eine Ausholbewegung vorgetäuscht wird, die den Gegner eine andere Hauptphase erwarten lässt als die, die tatsächlich ausgeführt wird«. Es geht nach Bös daher um »Fragen der Informationsaufnahme und -verarbeitung von minimalen Informationen in kürzester Zeit«[67], was im Training der Ausführung und der Abwehr von Täuschungshandlungen berücksichtigt werden solle. Scheinen das Taktieren und Täuschen wesentliches Element im Sport zu sein, wundert es nicht, dass es dem Sport auch beißende Kritik eingebracht hat. So hat Thorstein Veblen 1899 in seiner gesellschaftskritischen Satire »Theorie der feinen Leute« den Sport kritisiert und ihn als »Ausdrucksform der räuberischen Vorliebe für den Wettbewerb«[68] und als »Rückkehr in die Barbarei« (250) charakterisiert. Nach Veblen ermöglichen »alle Sportarten [...] in Grausamkeit und Verschlagenheit [...] zu wetteifern« (248). Das, »was jeglicher sportlichen Betätigung eigen ist«, ist das »Element der Vorspiegelung und Täuschung« (245). Strategie und Verschlagenheit, Hinterhältigkeit, betrügerische Praktiken, Falschheit und Durchtriebenheit prägen daher nach Veblen den Sport (vgl. 245; 261). So sei das Handeln im Sport »Ausdruck einer zum Stillstand gekommenen geistigen und moralischen Entwicklung« (245). Nun kann es nicht darum gehen zu bestreiten, dass im Sport taktiert wird, dass hier »verladen«, »ausgetrickst« und »überlistet« wird. Ja, es kann nicht einmal bestritten werden, dass hierin ein wesentlicher Reiz des Sports liegt. Zur Frage steht vielmehr, ob alle Täuschungsmanöver (und damit der Sport) moralisch verwerflich sind, beziehungsweise – um die Rede von der Moralität etwas sparsamer zu verwenden – ob der im Sport waltende Leistungsvergleich sich überhaupt grundsätzlich von denjenigen Formen des Leistungsvergleichs abhebt, die in anderen Sphären menschlichen Interagierens stattfinden und die wir der Kritik unterzogen haben. Ist das sportliche Fintieren – wie Rudolf Weber formuliert – »unaufrichtig«[69]?

Um zu zeigen, dass die im Sport stattfindenden Täuschungsmanöver keineswegs moralisch verwerflich sind, unterscheidet Gunnar Drexel die sportliche Finte von einer Lüge. Während die Lüge notwendig unwahrhaftig sei, weil hier Denken und Tun nicht im Einklang stehen, sei die Finte notwendig wahrhaftig,

---

[66] Kurt Meinel, Bewegungslehre. Versuch einer Theorie der sportlichen Bewegung unter pädagogischem Aspekt, Berlin 1971, 219.

[67] Klaus Bös, Art. Finte, in: Röthig/Prohl (Hrsg.), Sportwissenschaftliches Lexikon, 199–200, 199.

[68] Thorstein Veblen, Theorie der feinen Leute, Berlin/Köln o. J., 245 (Seitenangaben im Text).

[69] Rudolf Weber, Das Fußballspiel als Kommunikationssystem, in: Knut Dietrich/Gerhard Landau (Hrsg.), Beiträge in der Didaktik der Sportspiele. Teil I: Spiel in der Leibeserziehung, Schorndorf 1976, 105.

weil bei ihr Intention und entsprechende Aktion übereinstimmen. Somit kann der Lüge »das Merkmal der ›Duplizität‹, der ›Entzweiung‹ zwischen Bewußtsein und Handlung zugeschrieben werden, der Finte jedoch nicht. Eine *›gelungene‹ Finte-Bewegung* ist prinzipiell ›anschaubar‹, im echten Sinne des Wortes ›wahr‹-nehmbar, weshalb ihr bei entsprechender Kompetenz erfolgreich begegnet werden kann. All dies ist bei einer Lüge aufgrund ihres ›Duplizitäts-Merkmals‹ nicht der Fall, sie kann nur ›durchschaut‹ werden«. Daher ist nach Drexel die »Finte [...] eine ›reale‹, d. h. eine ›nicht entzweite‹ Handlung, die nicht gegen die im Sport immer schon eingegangene Verpflichtung, den ›Witz‹ des Spiels bzw. Wettkampfes einzuhalten, verstößt (z. B. Erfolg haben oder gewinnen wollen). Sie ist deshalb moralisch auch nicht verwerflich«. Von einer Finte im Sport hebt sich nach Drexel die Schwalbe ab, denn sie geschieht in der »Absicht, den Schiedsrichter über den tatsächlichen Handlungsverursacher in die Irre zu führen«. Sie ist daher »keine ›reale‹, sondern eine So-tun-als-ob-Handlung und deshalb durch das Merkmal der Duplizität gekennzeichnet. Bei dieser Handlung verhält sich der Spieler so, ›als-ob‹ ein gegnerischer Spieler ein Foul an ihm begangen habe – er verfolgt eine Schwindeltaktik«[70]. Im Blick auf die Unterscheidung von Drexel können wir daher urteilen: Das Fintieren, das An- und Vortäuschen, das Austricksen, Überlisten und Verladen, widerspricht nicht der Offenheit und Fairness des Sports; denn es setzt die sportlichen Regeln nicht außer Kraft und richtet sich nicht gegen die Chancengleichheit des Sports und die Nachprüfbarkeit der Leistungen. Vielmehr ist das Fintieren Teil der sportlichen Leistung. Der gute Elfmeterschütze zeichnet sich eben dadurch aus, dass er es vermag, den Torwart zu »verladen«, ein guter Boxer durch seine Fähigkeit, seinen Gegner auch mental zu beherrschen und zu bezwingen. Folglich wird das Fintieren im Sport auch von dem Gegner anerkannt und ihm sogar Respekt gezollt. Es wäre absurd, wenn der Trainer einer Fußballmannschaft sich nach einem Elfmeter beim Schiedsrichter beschwert, weil der Elfmeterschütze den Torwart durch ein geschicktes Antäuschen »in die falsche Ecke geschickt hat«. Gerade weil das sportliche Fintieren Teil der sportlichen Leistung selbst ist, geschieht sie auch nicht verdeckt, sie ist »›wahr‹-nehmbar« (s. o.) und »anschaubar« (s. o.). So besteht gerade der Reiz des Zuschauens darin, die Ausführung einer überlegenen, ausgefeilten und trickreichen Taktik zu erleben. Das sportliche Fintieren geschieht im Bewusstsein, dass damit die Grammatik des Sportes nicht zerstört wird, dass der Gegner der Finte eben »bei entsprechender Kompetenz erfolgreich begegnen« (s. o.) kann. Daher führt die Finte und das sportlich-faire Täuschen auch nicht zu einer Entzweiung des Bewusstseins: Man wird über einen Sportler sagen können, dass er gewitzt und fintenreich ist, nicht aber, dass er betrügt. Das Ethos des fintenreichen Sportlers ist durch einen gewissen Trickreichtum, Gewitztheit und Intelligenz geprägt, nicht aber durch Verschlagenheit. Ausdruck der Verschlagenheit ist die Schwalbe im Fußball; denn die Schwalbe

[70] Drexel, Art. Täuschen/Lüge, 556.

ist eine Täuschung, die nicht innerhalb der Regeln des Fußballs geschieht, sondern sich gegen seine Regeln richtet. Dies zeigt sich auch daran, dass die Fans einen Spieler der gegnerischen Mannschaft keineswegs für seine fintenreichen Aktionen auspfeifen, ihm vielmehr Respekt zollen. Wohl aber wird ein Spieler der gegnerischen Mannschaft mit einem »Pfeifkonzert« bedacht, der eine Schwalbe begeht; denn er wird als Betrüger gesehen. Die Unwahrheit der Schwalbe zeigt sich aber auch an dem Bewusstsein des Spielers: Anders als sein trick- und fintenreiches Spiel, von dem er erhofft, dass es gesehen und anerkannt wird, verleugnet er die Schwalbe. Und die Anhänger der entsprechenden Mannschaft sehen sich ebenfalls dazu genötigt. Folglich kann sich bei der Schwalbe ein schlechtes Gewissen einstellen, weil man etwa die gegnerische Mannschaft durch eine unfaire Aktion um ihren verdienten Sieg gebracht hat. Dies ist bei der sportlichen Finte nicht der Fall: Je trickreicher sie gelungen ist, desto mehr hat man das Gefühl, den Sieg verdient zu haben.[71]

1.5 Moralisierende Kritik am sportlichen Leistungsvergleich

Unsere Frage nach dem Charakteristikum des sportlichen Leistungsvergleichs ergab, dass dieser auf *Offenheit*, auf *Chancengleichheit* und auf die *Nachprüfbarkeit* von Leistungen bedacht ist. Damit – so zeigte sich – unterscheidet er sich gerade von demjenigen Leistungsvergleich, der in der Arbeitswelt stattfindet. Im Sport werden offen nachprüfbare und daher gleiche Chancen gewährende Kriterien für die Bewertung von Leistungen angegeben. Derjenige, der sich einem offenen und fairen Leistungsvergleich nicht zu stellen bereit ist, hat im Sport nichts zu suchen, er wird vielmehr Situationen bevorzugen, in denen er verdeckt agieren kann und die ihm die Chance bieten, dem Leistungsvergleich in der einen oder anderen Weise auszuweichen bzw. ihn zu manipulieren. Ich habe daher behauptet, dass sich derjenige vor anderen lächerlich machen würde, der bei einem 100-Meter-Lauf, nachdem er als Letzter durchs Ziel gekommen ist, erklärt: »Ich bin der wahre Sieger, weil ich am elegantesten gelaufen bin«. Ihm würden sofort alle entgegenhalten, dass es »darauf nicht ankam« und er die Kriterien mutwillig verschiebe. Und jeder würde erkennen, dass diese Verschiebung der Kriterien verursacht ist durch das Unvermögen, sich einem Leistungsvergleich zu stellen, und durch das Unvermögen, verlieren zu können. So würde dem vermeintlich eleganten Läufer vermutlich gar nicht erst lange erklärt, dass er die Kriterien verschiebe, sondern schlicht entgegengehalten: »Meine Zeit! Bist du ein schlechter Verlierer!« Nun scheint es jedoch eine Möglichkeit zu geben,

[71] Auf das Symptom des schlechten Gewissens verweist auch Drexel, Art. Täuschen/Sport, 556.

die Kriterien zu verschieben und dennoch nicht für unsportlich gehalten zu werden, nämlich durch die moralisierende Kriterienverschiebung. Was würde passieren – um die imaginierte Situation erneut aufzugreifen –, wenn derjenige, der bei einem 100-Meter-Lauf, nachdem er als Letzter durchs Ziel gelaufen ist mit einem gütigen Lächeln auf den Lippen dem Sieger erklärt: »Bin ich wirklich der Verlierer? Ich war noch vom vorigen Tag völlig kraftlos, wo ich in einer Suppenküche für Obdachlose ausgeholfen habe. Ist diese soziale Leistung nicht viel höher einzuschätzen?« Dem Sieger wird wohl die Freude schal werden. Hätte er sich nicht auch in der Weise engagieren sollen? Hat er nicht nur gewonnen, weil er sich eben nicht in der Suppenküche engagiert hat, sondern ausschließlich auf sein Ziel konzentriert? Müsste er nicht eigentlich wegen seines Sieges ein schlechtes Gewissen haben und sich schämen? Wohl kaum wird man einem solchen anständigen Menschen wie unserem Helfer in der Suppenküche entgegnen, dass es bei einem 100-Meter-Lauf nicht darauf ankommt, ob man am Vortag in einer Suppenküche für Obdachlose geholfen hat; denn ein solcher vorlauter Zeitgenosse bekäme von unserem Suppenküchenhelfer entgegnet: »Ach, darauf kommt es nicht an? Ich denke, darauf sollte es ankommen. Schließlich ist es doch wichtiger, Obdachlosen zu einer warmen Mahlzeit zu verhelfen als bei einem 100-Meter-Lauf zu gewinnen«. Von daher scheint kein Weg daran vorbeizuführen, unseren Suppenküchenhelfer zum »eigentlichen« Sieger zu küren. Oder käme hier doch jemand auf die Idee, diesem das gleiche zu entgegnen wie dem Bewegungsästheten, nämlich: »Meine Zeit! Bist du ein schlechter Verlierer!«. Vermutlich wird solch einem mutigen Menschen – er muss damit rechnen, von den anderen ob seiner Unmoral verachtet zu werden – die moralisierende Ausrede noch schlimmer vorkommen als die ästhetisierende Ausrede, weil er die Moral zur Unfairness missbraucht empfindet.

Nun ist es keineswegs so, dass die soeben geschilderte Episode reine Fiktion ist, es solche moralisierenden Argumentationsstrategien bezüglich des eigentlichen Siegers nicht gibt. Freilich treten sie sublimer auf als in dem soeben angeführten grotesken Beispiel. Dies wird deutlich an dem naiv-moralisierenden Versuch des Theologen Heinrich Bedford-Strohm, dessen Überlegungen – allerdings ohne eine erkennbare Auseinandersetzung mit sportphilosophischen Fragestellungen sowie einer Beachtung dessen, was eigentlich Wesensmerkmale des Sports sind – in eine solche Richtung weisen. Weil nach Bedford-Strohm Leistung aus theologischer Sicht »nicht die Überrundung der Schwächeren im Wettbewerb« ist, sondern »die Förderung sozialer Beziehungen, die Stiftung von Gemeinschaft, in der alle einen Platz haben, gerade auch die Schwächeren«[72], hat die Theologie den Sport daran zu erinnern, dass Leistung »nur in zweiter Linie die schnellste Zeit, die meiste Punktzahl, die meisten Tore« ist, die eigentliche Leistung vielmehr die »gemeinschaftsstiftende Funktion des Sports« ist, der auch die »Siegesaspirationen« nachzuordnen sind. Als Beispiel für dieses Verständnis

[72] Bedford-Strohm, Leistung aus theologischer Sicht, 74.

des Sports, von dem Bedford-Strohm freilich zurückhaltend fragt, ob es nicht »zu romantisch« ist, macht er den Fall namhaft, der sich bei der Schwimmweltmeisterschaft im Jahre 1994 in Rom abspielte: Weil die große Favoritin für den Titel im 200-Meter-Freistil Franziska van Almsick auf Grund einer zu schwachen Leistung in der Vorrunde einen Platz in der Endrunde und einen Platz verpasst hatte, verzichtete ihre Teamgefährtin Dagmar Hase auf ihren Platz in der Endrunde zugunsten von Franziska van Almsick, der größere Siegeschancen in der Endrunde zugesprochen wurden. Tatsächlich wurde Franziska van Almsick, die das großzügige Angebot von Dagmar Hase annahm, Weltmeisterin. Im Blick auf diesen Vorfall fragt Bedford-Strohm, ob nicht aus theologischer Perspektive geurteilt Dagmar Hase »die eigentliche Schwimmweltmeisterin wäre«, schließlich hat sie die »eigenen Siegesaspirationen zugunsten der Teamgefährtin«[73] zurückgestellt.

Das unfreiwillig komisch wirkende Plädoyer von Bedford-Strohm macht auf seine Weise überdeutlich, inwiefern der Sport von einem unter den Bedingungen der Chancengleichheit und der Nachprüfbarkeit vollzogenen Leistungsvergleich lebt und dass er zerstört wird, wenn dieses Wesensmerkmal (aus naiv-moralisierenden) Gründen außer Kraft gesetzt wird. Diese Überlegungen sind nicht »zu romantisch« – wie Bedford-Strohm durchaus selbstwertdienlich vermutet – sondern in ihnen ist einfach alles schief, insofern sie nämlich den sportlichen Leistungsvergleich um seine Pointe bringen und letztlich der Unaufrichtigkeit und Unfairness Vorschub leisten und so zur Unmoral führen. Gehen wir zur Verdeutlichung den Überlegungen von Bedford-Strohm im Einzelnen nach: Auch Bedford-Strohm geht von einem Vergleich von Leistungen aus, allerdings will er nicht die Schwimmleistung im Schwimmwettbewerb verglichen wissen, sondern die innerhalb des Wettkampfes gezeigte Moralität (die moralische Leistung). Hier drängt sich schon das erste Problem auf: Selbst wenn Dagmar Hase innerhalb des Schwimmwettkampfes durch ihren Verzicht auf die Teilnahme an der Endrunde die höchste moralisch erbrachte Leistung gezeigt hat, fragt sich, wie sie dadurch zur *Schwimm*weltmeisterin wird. Ihre Leistung besteht ja in ihrer Moralität, nicht in ihrer Schwimmkunst. Dagmar Hase könnte daher ausschließlich als Moralitätsweltmeisterin – nicht aber als Schwimmweltmeisterin – bezeichnet werden. Dadurch würde ein noch größeres Problem virulent: Es wäre letztlich nur noch *eine* Leistung, die im Sport miteinander verglichen wird: die moralische Leistung. Der Sport würde auf eine einzige Sportart zusammenfallen: den Vergleich hinsichtlich moralischer Leistungen. Aber selbst dann, wenn man den Verlust der vielfältigen Erscheinungsweisen des Sports zu akzeptieren bereit ist, drängen sich noch weitere Probleme auf, die sich ergeben, wenn man einen moralischen Leistungsvergleich erstrebt: Wir sind davon ausgegangen, dass Dagmar Hase tatsächlich die höchste moralische Leistung erbracht hat und dadurch zur Moralitätsweltmeisterin geworden ist. Dies ist aber durchaus nicht

[73] A. a. O., 71.

zwingend: Vielleicht haben andere Teilnehmerinnen andere moralische Leistungen erbracht, die ebenfalls einer moralischen Anerkennung würdig sind. Vielleicht ist eine Teilnehmerin überhaupt nicht zur Weltmeisterschaft nach Rom gefahren, weil sie zu Hause ihren kranken Hund gepflegt hat oder weil sie ihre Zeit dafür einzusetzen bereit war, Topflappen für einen Basar zugunsten der Bewahrung des Lebensraums bedrohter Tierarten zu häkeln. Fair (und dem Sport angemessen) wäre der Moralvergleich daher nur, wenn von vornherein genaue Kriterien dafür angegeben werden, was als Moralität gelten soll, wie die Moralität gemessen und vor allem, wie einzelne moralische Leistungen bewertet werden. Wie viele Moralpunkte gibt das Pflegen eines Hundes (auch im Unterschied zu anderen Tieren oder sogar zu pflegebedürftigen Menschen), wie viele Moralpunkte das Häkeln von Topflappen zugunsten der Bewahrung des Lebensraums bedrohter Tierarten (auch im Unterschied (a) zu anderen handwerklichen Tätigkeiten wie Stricken und Klöppeln, (b) zu anderen Objekten wie Socken oder einem Pullover und (c) mit anderen Zielen wie dem der Bewahrung von Naturschutzgebieten) wie viele Moralpunkte das Verzichten zugunsten einer besseren Teamgefährtin? Nun entsteht dadurch das Problem, dass moralische Handlungen, auch wenn sie in eine Rangordnung gebracht werden, nur schwer messbar sind; denn wenn diese Handlungen hervorgebracht werden, um Moralpunkte zu erlangen, besitzen sie doch wohl kaum eine moralische Intention, sondern würden diese gerade verfehlen. Vielmehr würden damit alle Sportler und Sportlerinnen zusätzlich zur Lüge und Unaufrichtigkeit gezwungen sein; denn, um Moralpunkte zu erhalten, müssten sie bestimmte Leistungen vollbringen und gleichzeitig behaupten, dass sie diese moralischen Leistungen eben nicht aus dem Grunde vollbringen, um Moralpunkte zu erhalten. Nun gibt es natürlich noch ein weiteres Problem: Stünde nämlich von vornherein fest, dass gerade durch den Verzicht auf die Teilnahme am Sportgeschehen »Moralpunkte« gesammelt werden können, würde der Wettkampf selbst zusammenbrechen: Warum sollte nicht jede Sportlerin auf die Teilnahme am Wettkampf verzichten, wenn man gerade durch den Verzicht auf eine Teilnahme die für den Sieg notwendigen Punkte verliehen bekommt? Zu einem Wettkampf käme es somit überhaupt nur dann, wenn die eigentlichen Kriterien für den Sieg (nämlich die moralische Leistung) den meisten Teilnehmern verborgen bleibt. Dadurch aber wird der Chancengleichheit aufs empfindlichste widersprochen.

Was zeigen diese zugegebenermaßen ausführlichen Bemerkungen zu dem zugegebenermaßen bescheidenen Vorschlag von Bedford-Strohm? Deutlich ist, dass jede Form der Verletzung der Chancengleichheit des Sports und der Nachprüfbarkeit der hier erbrachten Leistungen den Sport zerstört. Dies trifft auch (ja eventuell: vor allem) auf die moralisierende Intervention zu. Aus einem offenen und fairen Wettkampf wird ein verschlagener, unehrlicher, weil die Kriterien im Dunkeln lassender Vergleich, der sich nicht von dem Leistungsvergleich im Alltag abhebt, sondern diesen – auf die negativste Weise – reproduziert. Dabei ist vor allem die moralisierende Krisenverschiebung gefährlich, tritt sie doch mit einem unbedingten Anspruch auf, dem sich der Einzelne nur schwer entziehen zu können scheint.

Ich lenke zurück zu den bisherigen Überlegungen: Im Sport treffen Menschen aufeinander, die offen Leistungen miteinander vergleichen wollen. Daher begeben sie sich in ein künstliches Setting, in dem die exakte Nachprüfbarkeit von Leistungen gewährt wird. Die Verschiebung dieser Kriterien, vor allem eine nachträgliche Verschiebung, zerstört den Sport. Von daher wundert es kaum, dass vor allem außerhalb (aber auch innerhalb) Deutschlands der Rücktritt von Dagmar Hase gerade als grob unsportlich angesehen und Franziska van Almsicks Sieg als »gekaufter Sieg« verspottet wurde. Zu einem fairen Leistungsvergleich in einem Schwimmwettbewerb gehört nun einmal auch die Qualifikation in der Vorrunde durch auch hier erbrachte Leistungen. Durch den Rücktritt von Dagmar Hase nahm jemand an der Endrunde teil, der den Leistungsvergleich in der Vorrunde gerade nicht bestanden hatte, weil er sich einfach verschätzt und geschont hatte. Damit wird der Leistungsvergleich auf das empfindlichste beschädigt. Wer gerade den offenen, ehrlichen und fairen Leistungsvergleich intendiert, wie dies bei dem Sportler in der Regel der Fall ist, wird einem anderen diese Chance nicht einräumen, noch auch wird er sie von einem anderen eingeräumt bekommen wollen.

Ein weiterer Punkt lässt sich an den Bemerkungen von Bedford-Strohm verdeutlichen: Aus theologischer Sicht ist nach Bedford-Strohm die entscheidende Leistung »nicht die Überrundung der Schwächeren im Wettbewerb«, sondern »die Förderung sozialer Beziehungen, die Stiftung von Gemeinschaft, in der alle einen Platz haben, gerade auch die Schwächeren« (s. o.). Nun werden hier Äpfel mit Birnen verglichen: Bedford-Strohm spielt bestimmte »ernste« Leistungen (»Förderung sozialer Beziehungen«, »Stiftung von Gemeinschaft«) gegen einen spielerischen Vergleich von Leistungen und damit dem Siegenwollen (»Überrunden der Schwächeren im Wettbewerb«) aus. Darüber hinaus möchte Bedford-Strohm auch daran gedacht wissen, dass auch die Schwächeren einen Platz haben sollen in dem sportlichen Geschehen. Nun fragt sich aber, wer dies je bestritten hätte. Der sportliche Leistungsvergleich bedarf geradezu auch des Verlierers. Gegen Bedford-Strohm ist zu bedenken, dass in einem sportlichen Setting natürlich nur Leistungen miteinander verglichen werden, die als solche auf das Spielgeschehen begrenzt sind und daher auch für das Gemeinleben keine Bedeutung haben. Anders als die »Förderung sozialer Beziehungen« sind diese Leistungen aber exakt messbar und fair vergleichbar.

Deutlich ist, dass eine – wie auch immer näher zu verstehende – ethische Orientierung des Sports von »der Sinnstruktur sportlichen Handelns«[74] ausgehen muss. Wenn Sven Güldenpfennig der kirchlichen und theologischen Sportethik attestiert, dass diese »ihr Ziel [verfehlt]« und »in der sportlichen Praxis [...] nicht

[74] Güldenpfennig, Kritik und Eigensinn, 51.

verarbeitet werden«[75] kann, weil sie nicht die Grammatik des Sports ernst nehme, dann kann diesem Diktum Güldenpfennigs nur schwer widersprochen werden. Wenn Bedford-Strohm allen Ernstes kritisiert, dass im sportlichen Geschehen die Siegesaspirationen im Vordergrund stehen, oder Sigurd Martin Daecke dem Sport vorwirft, dass der sportliche Wettkampf die Teilnehmer in Gewinner und Verlierer spalte und damit statt des christlichen Miteinander und Füreinander ein Gegeneinander praktiziere, dann verachten sie die »Sinnstruktur sportlichen Handelns« (s. o.). Die Kritik von Bedford-Strohm oder Daecke läuft letzten Endes darauf hinaus, Fußballspieler zu kritisieren, wenn sie den Spielern der gegnerischen Mannschaft den Ball abjagen, statt ihnen den Ball zuzuspielen (oder besser noch: den Ball in das eigene Tor befördern), um ein Miteinander und Füreinander zu praktizieren und damit dann dem »Glauben, der Liebe und Demut, Frieden und Versöhnung verkündet« (s. o.), zu entsprechen. Allerdings täuschen sich Ethiker wie Daecke und Bedford-Strohm über eine wichtige, aber eventuell doch sehr entscheidende Tatsache: Die Fußballspieler jagen nicht deshalb einem einzigen Ball nach und streiten sich um ihn, weil sich nicht jeder einen eigenen Fußball leisten könnte, sondern weil der Fußball ein künstlich verabredetes Streitobjekt ist, wobei sich die beteiligten Parteien darauf einigen, der anderen das Erreichen ihres Ziels so schwer wie möglich zu machen. So formuliert Hartmut Gabler: »Im Judo, Ringen, Tennis, Volleyball beispielsweise ist es zentraler sportlicher Sinn, Handlungsmöglichkeiten des Gegners einzuschränken. Es gehört also zur Idee des sportlichen Leistungsvergleichs, daß sich die ›Gegner‹ an der Erreichung ihrer jeweiligen sportlichen Ziele zu behindern versuchen, indem sie sich bemühen, ihre je eigenen Ziele zu verwirklichen. Nur auf diese Weise kann ein Wettkampf überhaupt zustande kommen. Vom Gegner wird gar nicht erwartet, dass er nicht behindert«[76]. Im Gegenteil: Es gehört zu der sportlichen »Wette«, dass jeder und jede danach streben soll, das Beste zu leisten und zu gewinnen.[77] Zu Recht betont daher Hans Jürgen Heringer: »Jeder Spieler will mit ganzer Kraft gewinnen, alles andere wäre sogar unfair«[78]. Weil die sportliche Fairness »funktional auf den Spielcharakter des Sports in der Wettkampfsituation bezogen«[79] ist, wäre es – im Blick auf Bedford-Strohm und Daecke formuliert – geradezu als unfair zu bezeichnen, wenn jemand im Sportgeschehen nicht mit ganzer Kraft gewinnen will und die Siegesaspirationen nicht in den Vordergrund stellt oder das verabredete Gegeneinander bricht.

---

[75] A. a. O., 216.

[76] Hartmut Gabler, Fair geht vor – Sport zwischen Aggression und Fairness, in: Grupe (Hrsg.), Kulturgut oder Körperkult, 173–194, 178.

[77] So von Krockow, Sport in der Industriegesellschaft, 43.

[78] Heringer, Regeln und Fairness, 158.

[79] Jürgen Court, Art. Fairness, in: Sportwissenschaftliches Lexikon, 189–191, 189; vgl. ebenso Güldenpfennig, Kritik und Eigensinn, 56.

1.6 Der Sport als Leistungsvergleich

Der Begriff »Leistungsgesellschaft« – so haben wir eingangs des Kapitels formuliert – bezeichnet eine positive Errungenschaft moderner Gesellschaften, in denen Menschen ihre Stellung in der Gesellschaft nicht ihrer Herkunft, sondern ihrer eigenen Leistung zu verdanken haben. Gerade die Leistungsgesellschaft scheint seit langem im Auflösen begriffen zu sein. So verdeutlicht die PISA-Studie, wie stark etwa in Deutschland die Bildung von der sozialen Herkunft abhängig ist.[80] Aber auch im Bereich der Ökonomie, dem klassischen Kernbereich des Leistungsprinzips, wird dieses Prinzip immer mehr ausgehöhlt. So weist der Ökonom Sighard Neckel darauf hin, dass ökonomische Erträge und sozialer Statusgewinn heute weniger denn je nur als Wirkung zuvor erbrachter Leistungen zu begreifen sind.[81] Wir haben es nach Neckel in der Gegenwart mit leistungslosen Erfolgen zu tun, während für breite Bevölkerungsschichten gilt, dass Leistungen in Arbeit und Beruf längst nicht garantieren, in der Erlangung eines sozialen Status auch erfolgreich zu sein. So sind nach Neckel Leistungskategorien für den Erwerb ihrer Vorteile immer weniger verbindlich, sondern eher privilegierte Herkunftsbedingungen. Am effektivsten wirke die bloße Zugehörigkeit zu den Kartellen und Netzwerken der Vorteilsmehrung an sich. Vor allem macht Neckel darauf aufmerksam, dass eine Ökonomie, die das ökonomische Risikohandeln zum Prototyp wirtschaftlichen Handelns werden lässt, leistungsbezogene Qualifikationen entwertet und ökonomische Vorgänge umfassend an Kontingenz bindet.

In diese kritische Richtung weist auch eine Studie des Instituts für Soziologie der technischen Universität Darmstadt.[82] In ihrer Auswertung der Studie kommt die Soziologin Yvonne Haffner zu dem Fazit: Beruflicher Erfolg durch Leistung ist ebenso ein Mythos wie mangelnder Misserfolg durch mangelnde Leistung. Über ein berufliches Fortkommen entscheiden nach Haffner weniger die tatsächlichen Leistungen als das, was eine Person für ein Bild von sich den anderen vermittelt. So ist beispielsweise für die Bewertung von Leistung durch Vorgesetzte weniger die tatsächliche Arbeit entscheidend, auch nicht die tatsächliche Arbeitszeit, sondern die am Arbeitsplatz verbrachte Zeit und die dadurch nach außen demonstrierte Identifikation mit der jeweiligen Firma. Gilt immer noch »Leistung führt zu Erfolg und Erfolg beruht auf Leistungen« oder

---

[80] Vgl. Timo Ehmke/Nina Jude, Soziale Herkunft und Kompetenzerwerb, in: Eckhard Klieme et al. (Hrsg.), PISA 2009. Bilanz nach einem Jahrzehnt, Münster 2010, 231–254.

[81] Sighard Neckel, Flucht nach vorn. Die Erfolgskultur der Marktgesellschaft, Frankfurt a. M./New York 2008.

[82] Yvonne Haffner, Konstruktion von Leistung in der sozialen Praxis des beruflichen Alltags, in: Laube (Hrsg.), Sprachlos gegenüber Leistung und Erfolg?, 35–42.

wird dieses Versprechen der bürgerlichen Gesellschaft immer mehr ausgehöhlt durch leistungslose Erfolge und erfolglose Leistungen?[83]

Von hier aus wird die Bedeutung des Sports sichtbar: Nirgendwo – so Simon Johnen – gelange das Prinzip »Leistung führt zu Erfolg und Erfolg beruht auf Leistung«[84] so zu seiner Eindeutigkeit wie im olympischen Wettkampfsport. Bereits 1972 formulierte Christian Graf von Krockow in seinem bekannten Werk »Sport und Industriegesellschaft«: »Der Sport bringt die Prinzipien der Industriegesellschaft weit besser zum Ausdruck als diese selbst«[85]. Kann der Sport gar zum visionären Gegenbild problematischer Strömungen innerhalb der Gesellschaft werden[86], die durch leistungslose Erfolge und erfolglose Leistungen immer mehr ausgehöhlt wird?[87]

---

[83] Bereits 1930 hat Gustav Ichheiser das Entsprechungsverhältnis von Leistung und Erfolg massiv in Frage gestellt, indem er der Frage nachgegangen ist, was in einer kapitalistischen Gesellschaft wirklich zum Erfolg führt (ders., Kritik des Erfolgs. Eine soziologische Untersuchung, Leipzig 1930). Innerhalb seiner Analyse unterscheidet Ichheiser zwischen der Leistungs- und der Erfolgstüchtigkeit, um damit die Diskrepanz zwischen dem bürgerlichen Versprechen der Leistungsgerechtigkeit und den faktisch gültigen (Erfolgs-)Mechanismen der Gesellschaft sichtbar zu machen.

[84] Simon Johnen, Leistung und Erfolg in Sport und Ökonomie, in: Volker Schürmann et al. (Hrsg.), Bewegungskulturen im Wandel. Der Sport der Medialen Moderne – Gesellschaftstheoretische Verortungen, Bielefeld 2016, 47–63, 47.

[85] Von Krockow, Sport und Industriegesellschaft, 94.

[86] Vgl. hierzu ausführlich: Simon Johnen, Die Entwicklung von Leistung und Erfolg im Wettkampfsport der Medialen Moderne. Ein Vergleich mit den Prinzipien der Ökonomie, Berlin 2016, 87ff.

[87] Im Unterschied zu unserer Überlegung finden sich Stimmen, die gerade den Sport für den Leistungsgedanken in der Gesellschaft verantwortlich machen. Eine solche Anschauung vertritt Jürgen Habermas, wenn er formuliert: »Unterm Schein des Spiels und der freien Entfaltung der Kräfte verdoppelt der Sport die Arbeitswelt« (ders., Soziologische Notizen zum Verhältnis von Arbeit und Freizeit, in: Helmuth Plessner/Hans-Erhard Bock/Ommo Grupe, Sport und Leibeserziehung. Sozialwissenschaftliche, pädagogische und medizinische Beiträge, München [4]1975, 28–46, 40). Dieser Einwand von Habermas ist nicht zu verstehen als Kritik am Leistungsgedanken im Sport, sondern er formuliert eine Kritik am Sport selbst! Wenn nun Habermas aber nicht dem bereits namhaft gemachten Einwand von Wolf Wondratschek gegen die Verächter des Sports unterliegen will, muss er in seiner Kritik am Sport allerdings bedenken, dass die Besonderheit des Sports gerade der offene, ehrliche und faire Leistungsvergleich ist, der ihn von der Arbeitswelt unterscheidet, und von hier aus fragen, ob sich die These, dass der Sport die Arbeitswelt »verdoppelt«, angesichts dieses Unterschieds aufrechterhalten lässt.

2 Der Sport als Spiel

Dass das Spiel das Fundament des Sports ist, würde - mit wenigen Ausnahmen freilich - keiner ernsthaft bestreiten wollen. Fragt man nach den wesentlichen Merkmalen des Sports, trifft man daher immer wieder auf die zentrale Argumentationsposition, die Carl Diem vor über siebzig Jahren (1949) in die knappe Formel presste: »Sport ist ein geregeltes, ernstgenommenes, steigerbares, zweckfreies Spiel«[88]. Im Folgenden geht es darum, den Sport als Spiel zu bedenken.

2.1 Das Spiel als abgegrenzter Bereich menschlichen Daseins

Das wohl hervorstechendste Merkmal des Spiels, das von fast allen Spieltheoretikern gesehen wurde, ist zunächst rein negativer Natur: »*Das Spiel verfolgt keinen außerhalb seiner selbst liegenden Zweck*«[89]. Es gibt wohl kaum eine philosophische Spieltheorie, die diese Zweckfreiheit des Spiels nicht in den Blick nimmt. So erkannte bereits Immanuel Kant, dass man im Gegensatz zur Arbeit, die man »einer anderen Absicht wegen« unternimmt, sich beim Spiel beschäftigt, »ohne irgendeinen Zweck dabei zu berücksichtigen«[90]. Nun darf die im Spiel waltende Zweckfreiheit nicht falsch verstanden werden. »Zweckfreiheit« bedeutet nicht, dass im Raum des Spiels keine Zwecke verfolgt werden, es im Spiel kein »Um-zu« gibt. Vielmehr ist gerade bei komplexen Spielen das Gegenteil der Fall: So überlegt sich der Schachspieler ganz genau, welchen Zug er unternimmt als Vorbereitung für weitere Züge oder als Verhinderung möglicher Spielzüge

---

[88] Carl Diem, Wesen und Lehre des Sports und der Leibeserziehung (1949), Berlin ^{3}1969, 14.

[89] Hans Scheuerl, Das Spiel. Untersuchungen über das Wesen des Spiels, seine pädagogischen Möglichkeiten und Grenzen, Weinheim/Basel 1979, 69. Zum Spiel vgl. Michael Roth, Sinn und Geschmack fürs Endliche. Überlegungen zur Lust an der Schöpfung und der Freude am Spiel, Leipzig 2002.

[90] Immanuel Kant, Über Pädagogik, Akademie-Ausgabe, Band 9, Berlin/Leipzig 1923, 470.

des Gegners. Unter diesem Gesichtspunkt gesehen, wird man sogar sagen können, dass das Schachspiel völlig »verzweckt« ist, jeder Zug hat einen bestimmten Zweck innerhalb eines größeren Spielplans. Kein Zug steht für sich selbst, sondern ist Mittel, andere Züge vorzubereiten und neue Spielkonstellationen zu ermöglichen. Um die Wendung von Kant aufzugreifen, könnte man auch formulieren: Der gute Schachspieler zeichnet sich dadurch aus, dass er jeden Zug »einer anderen Absicht wegen« unternimmt, nur der schlechte Schachspieler spielt, »ohne irgendeinen Zweck dabei zu berücksichtigen«. So zieht der schlechte Spieler den Läufer ausschließlich aus dem Grund diagonal über das Feld, weil dies von den Regeln des Schachspiels erlaubt ist, er verbindet mit diesem Zug aber keinerlei weiterführende Absichten innerhalb des Spielgeschehens. Wenn wir daher gesagt haben, dass man sich beim Spiel beschäftigt, »ohne irgendeinen Zweck dabei zu berücksichtigen«, so kann sich dies nicht auf das Spielgeschehen selbst beziehen, sondern auf den Zusammenhang zwischen dem Spielgeschehen und dem Geschehen außerhalb des Spiels, es ist sozusagen aus alltagsweltlicher Sicht auf das Spiel geblickt. Die im Spiel waltenden Zwecke haben ausschließlich innerhalb des Raums und der Zeit des Spiels einen Sinn, m. a. W.: Im Spiel werden keinerlei Zwecke verfolgt, die außerhalb des Spielgeschehens liegen. Dies stellt Georg Wilhelm Friedrich Hegel auch zu Recht im Blick auf die Spiele der Griechen heraus: »Betrachten wir nun zuerst die innere Natur dieser Spiele, so ist zuvörderst das Spiel dem Ernste, der Abhängigkeit und Noth entgegengesetzt. Mit solchem Ringen, Laufen, Kämpfen war es kein Ernst; es lag darin keine Noth des sich Wehrens, kein Bedürfniß des Kampfes«[91].

Das von allen Zwecksetzungen freie Spiel ist somit reiner Selbstzweck, es geht den Spielenden um die Gegenwart des Spiels selbst. Insofern ist das Spiel ein lustvolles Tun.[92] Gilt allgemein, dass wir Dinge dann aus Spaß bzw. aus Freude tun, wenn wir sie nicht zur Realisierung eines übergeordneten Zweckes tun, sondern weil es eben so oder so ist, sie zu tun, dann tritt dies vor allem beim Spiel zutage: Wir spielen, weil es eben so oder so ist zu spielen. Wir zielen auf das Geschehen innerhalb des Spiels. Wir spielen, weil wir das So-Sein des jeweiligen Spielgeschehens intendieren; wir sind empfänglich für Reize der jeweiligen Welt des Spiels. Wir können auch sagen: Wir sind von der Anmutungsqualität des Spielgeschehens ergriffen. Hierin liegt ein passives Moment, ein Aufhören des Strebens. Im Grunde ist es daher auch schief, wenn man sagt, dass der Zweck der Dinge, die wir »aus Spaß tun«, in den Dingen selbst liegt. Natürlich unterscheiden sich Handlungen, die wir »aus Spaß tun« von solchen Handlungen, die einem externen Zweck besitzen. Wenn in meinem Arbeitszimmer die Glühlampe durchbrennt und ich diese auswechsele, so ist der Grund dafür, dass

---

[91] Georg Friedrich Wilhelm, Sämtliche Werke. Jubiläumsausgabe Bd. 11, Stuttgart 1928, 318.

[92] Ommo Grupe, Bewegung, Spiel und Leistung im Sport. Grundthemen der Sportanthropologie, Schorndorf 1982, 122.

ich die Glühbirne auswechsele, nicht der, dass es so ist, wie es ist, die Glühlampe auszuwechseln (d. h. ich intendiere nicht das Geschehen des Glühbirne-Auswechselns um seiner selbst willen), sondern dass ich wieder genügend Licht haben will. Die Handlung besitzt ein Ziel, das außerhalb ihrer selbst liegt. Daher unterscheidet Aristoteles zwischen *poiesis*-Handlungen und praxis-Handlungen. Nach Aristoteles haben die *poiesis*-Handlungen ihren Zweck in dem Gut, das durch sie hervorgebracht wird, während es bei den praxis-Handlungen nicht um das durch diese Handlungen hervorgebrachte Gut geht, vielmehr liegt das Gut in den Handlungen selbst. Praxishandlungen sind Handlungen, die um ihrer selbst willen geschehen.[93] Alles menschliche Handeln ist nach Aristoteles einem Zweck unterstellt, ob er nun außerhalb oder innerhalb der Handlung liegt. Wenn ich allerdings wie Aristoteles zwischen Handlungen unterscheide, deren Zweck außerhalb ihrer selbst liegt, und Handlungen, die ihren Zweck in sich selbst haben, dann habe ich Letztere nach dem Modus der Ersteren verstanden, ich habe sie in ein teleologisches Schema gepresst. Ist es aber angemessen zu sagen, Handlungen, die wir »aus Spaß tun«, haben ihren Zweck in sich selbst? Zu Recht gibt Rüdiger Bittner zu bedenken, dass, wenn Tun und Zweck zusammenfallen, nicht mehr sinnvoll von einem Zweck die Rede sein kann. »Das teleologische Schema hängt an der Verschiedenheit von Handeln und Zweck, denn einen Zweck oder ein Ziel verstehen wir als etwas, wohin man unterwegs ist oder [...] wonach man strebt; und es gibt kein Streben eben nach diesem Streben selbst«[94]. Das teleologische Verständnis bringt nicht klar genug zum Ausdruck, dass wir bei den Handlungen, die wir »aus Spaß tun«, bei den Dingen selbst sind und in ihre eigene Grammatik eindringen. Nicht wir bestimmen die Dinge (wie der Zweck-Begriff nahelegt), sondern wir werden von ihnen bestimmt, gleichsam in ihre »Intention« hineingezogen. Wenn wir das So-Sein der Dinge intendieren, sind wir *ergriffen* von ihrer Anmutungsqualität, wir stimmen in die Tendenz der Dinge ein, tendieren in ihre Richtung und *lassen uns von ihnen bestimmen*. Wir sind bei der Sache. Wir könnten auch sagen: Wir werden von den Dingen in unserem Streben *unterbrochen*. Von hier ist auch die Selbstzweckhaftigkeit des Spiels zu verstehen. Wir werden in die Grammatik des Spiels eingezogen und von dem Spiel unterbrochen.

Gegen die Selbstzweckhaftigkeit des Spiels wird häufig eingewendet, dass es auch äußere Gründe und Anforderungen geben kann, sich auf das Spielgeschehen einzulassen, man denke beispielsweise an Gesundheit oder den Kontakt mit anderen Menschen, der durch das Spiel gefördert wird. Nun sind diese äußeren Gründe, sich auf das spielerische Geschehen einzulassen, nicht zu bestreiten, sie stehen allerdings nicht in Widerspruch zu der Rede von der wohlverstandenen Zweckfreiheit des Spiels. Denn diese äußeren Gründe können verstanden werden als Anlässe, sich auf das Spiel zuzubewegen, die aber im Spielgeschehen

---

[93] Vgl. NE X, 4 1094 a.

[94] Rüdiger Bittner, Aus Gründen handeln, Berlin 2005, 190.

selbst in den Hintergrund treten. Wenn man spielt, dann spielt man tatsächlich und vergisst diese ursprünglichen Motive, die uns zu der Welt des Spiels geführt haben. Wir lassen uns dann fallen in das Spiel, leben in der Wirklichkeit, die das Spiel beschreibt. Alle Aufmerksamkeit ist auf das Spiel gerichtet, sodass kein Raum bleibt für Fragen, die über das Spiel hinausgehen.[95] Oder es gelingt uns eben nicht, uns auf das Spielgeschehen und seine eigene Welt einzulassen, weil wir weiterhin an außerhalb des Spielgeschehens liegende Anforderungen und Gründe gebunden sind. Es gelingt uns dann eben nicht, wirklich zu spielen. Wir fallen nicht ins Spiel, sondern stehen daneben.

Die bisherigen Überlegungen verdeutlichen, dass wir im idealen Fall im Spiel nicht über das Spiel hinaus schielen, dass wir im Spiel an den Belangen der Wirklichkeit »uninteressiert«[96] sind. Insofern kann das Spiel als eine »unproduktive Beschäftigung« bezeichnet werden. Treffend formuliert Roger Caillois: »Das Spiel ist [...] eine *unproduktive* Betätigung, die weder Güter noch Reichtum noch sonst ein neues Element erschafft und die, abgesehen von einer Verschiebung des Eigentums innerhalb des Spielkreises, bei einer Situation endet, die identisch ist mit der zu Beginn des Spiels«[97]. Nimmt man das Spiel als eine »unproduktive Beschäftigung« in den Blick, dann zeigt sich, dass das Spiel unterschieden ist vom Ernst der Arbeit und dem Kampf ums Dasein, der durch »Mittel-Zweck-Relationen« ausgezeichnet ist. Wir überlegen uns geeignete Mittel, um einen bestimmten Zweck zu erreichen, und wir bedenken, welche Zwecke vorrangige und welche nur nachstehende Berechtigung besitzen. Der »*ordo* der Zwecke«, der das Dasein auszeichnet und der seinen Ernst ausmacht, ist im Spiel ausgeblendet, es ist von allen »objektiven Wert- und Zweckordnungen abgehoben«[98]. So formuliert Johan Huizinga: Als »freies Handeln« ist das Spiel für den »erwachsenen und verantwortlichen Menschen [...] eine Funktion, die er ebenso gut lassen könnte. Das Spiel ist überflüssig«[99]. Die Aussage Huizingas, dass das Spiel »überflüssig« sei, klingt zunächst hart, ist aber von der Zweckfreiheit des Spiels her zu verstehen: Das Spiel ist ein Raum, in dem Handlungen hervorgebracht werden, die keinerlei Bedeutung über diesen abgegrenzten Raum hinaus haben. Insofern erscheint es außerhalb dieses Raums als »überflüssig«. So wundert es kaum, dass dem spielenden Menschen häufig die Nutzlosigkeit seines Tuns vorgeworfen wird. »Hast du nichts Wichtigeres zu tun?« kann die Frage sein, wenn jemand verkündet, trotz schreiend unfertiger Arbeit

---

[95] Ebenso Martin Seel, Versuch über die Form des Glücks. Studien zur Ethik, Frankfurt a. M. 1999, 161, Anm. 101.
[96] Scheuerl, Das Spiel, 79.
[97] Roger Caillois, Die Spiele und der Mensch. Masken und Rausch, Frankfurt a. M./Berlin/Wien 1982, 16.
[98] Scheuerl, Das Spiel, 70.
[99] Johann Huizinga, Homo ludens. Versuch einer Bestimmung des Spielelements der Kultur, Basel 1944, 12.

zum Tennis-Spiel zu gehen. Im Blick auf den spielenden Menschen fragt sich, ob es keine Dinge gibt, die er zu »erledigen« hat, die sein vorrangiges Interesse beanspruchen müssten. Hat er wirklich »Zeit« zu spielen? In der Tat: Der Mensch spielt, als gäbe es diese Sorgen ums Dasein nicht. Insofern ist das Spiel dem Ernst des Daseins entgegengesetzt.[100]

Als Selbstzweck ist das Spiel von allen äußeren Zwecken abgeschlossen, es besitzt eine relative Geschlossenheit. Mit Huizinga formuliert: »Es ›spielt‹ sich innerhalb bestimmter Grenzen von Zeit und Raum ›ab‹«[101]. Um das Spielen überhaupt zu ermöglichen, müssen Grenzen gesetzt werden, die die Spielsphäre konstituieren, indem sie die Sphäre des Spiels als Art Grammatik beschreiben. Diese Grenzsetzung geschieht durch Spielregeln[102], diese »bestimmen, was innerhalb der zeitweiligen Welt, die es herausgetrennt hat, gelten soll«[103]. Die Spielregeln beschreiben den Raum, in dem gespielt wird. Sie etablieren damit eine eigene Welt, die sich von der Welt außerhalb des Spiels abgrenzt. Wird diese Grenze eingerissen, wird das Spiel zerstört und von der Welt außerhalb des Spiels aufgesogen. Zu Recht betont Caillois, dass jede Vermischung mit dem Alltag die Formen und die Freiheit des Spiels zerstört.[104] Eine Vermischung mit dem Alltag findet dann statt, wenn das Spiel in die Zielgerichtetheit des Alltags eingespannt wird, mit anderen Worten: wenn aus dem Spiel Ernst wird und das Spiel zu »kippen« droht. Diese Gefahr besteht in jedem Augenblick des Spiels.[105] Vor der Gefahr des Kippens wird das Spiel gerade durch seine Regelhaftigkeit bewahrt, die die Sphäre des Spiels beschreibt und von der Alltagswelt abgrenzt.

Das Spiel lässt sich somit als ein durch Regeln, Verläufe und Zeiten des Spiels abgegrenzter Bereich menschlichen Daseins verstehen. »Spielen ist eine freiwillige Auseinandersetzung mit einer auf begrenzte Zeit verwandelten Situation der Welt«[106]. Im Spiel bewegen wir uns in einer verwandelten Wirklichkeit, in der es für die Dauer dieser Verwandlung besondere Möglichkeiten und Ziele des Handelns gibt. Von daher ist das Spiel ausgezeichnet durch eine gewisse

---

[100] Dennoch ist die Formulierung von Arnold Gehlen, dass nur ein »Wesen, das in gesicherter und müheloser Lage lebt, dessen Lebensbedürfnisse von außen gedeckt werden, [...] in dieser Ausschließlichkeit so leben [kann]« (ders., Der Mensch. Seine Natur und seine Stellung im Kosmos, 13. Aufl. Wiesbaden 1986, 205), missverständlich. Es geht nicht darum, in einer »Ausschließlichkeit« spielen zu können. Das Spiel findet nur in einem bestimmten und wohl abgegrenzten Zeitraum statt. So bedarf es keiner »gesicherten und mühelosen Lage«, sondern, wenn überhaupt, nur einzelner Zeitabschnitte, in denen die Lebensbedürfnisse von außen gedeckt sind.

[101] Huizinga, Homo ludens, 15.

[102] Vgl. Scheuerl, Das Spiel, 93ff.

[103] Huizinga, Homo ludens, 18.

[104] Vgl. Caillois, Die Spiele und der Mensch, 52ff.

[105] Vgl. Helmuth Plessner, Lachen und Weinen. Eine Untersuchung nach den Grenzen menschlichen Verhaltens, Bern/München 1961, 102.

[106] Seel, Versuch über die Form des Glücks, 1999, 161.

Scheinhaftigkeit. Das Spiel ist nicht das »›gewöhnliche‹ oder das ›eigentliche‹ Leben«. Es ist vielmehr »das Heraustreten aus ihm in eine zeitweilige Sphäre von Aktivität mit eigener Tendenz«[107]. Scheinhaftigkeit eignet dem Spiel dabei insofern, als es eine Als-Ob-Situation ist, eine Schein-Realität. Zum Spiel gehört aber nicht nur dieser Als-Ob-Charakter, sondern auch das Wissen um diesen Als-Ob-Charakter. So betont auch Plessner, dass sich dem Menschen die Spielsphäre als Gegensatz zur Ernstsphäre darstellt, der Mensch jedoch im Bewusstsein der Eigentlichkeit lebt.[108] Plessner macht darauf aufmerksam, dass bereits das Kind zwischen der Eigentlichkeit und der Uneigentlichkeit der Spielsphäre zu unterscheiden vermag, wenn ihm auch die Abgrenzung manchmal schwerfällt. Die Scheinhaftigkeit des Spiels wird erreicht durch eine scheinhafte Ebene, die von der normalen Realität abgehoben ist, diese symbolhaft abbildet bzw. nachbildet.[109] Daher ist an dieser Stelle von einer zweiten Möglichkeit der Korruption des Spiels zu sprechen. Zeigte sich bereits, dass die Gefahr besteht, dass das Spiel in die Zielgerichtetheit des Alltags eingespannt wird, so besteht eine weitere Möglichkeit, das Spiel zu korrumpieren, darin, dass der Schein nicht mehr als solcher angenommen wird und zur Pseudorealität mutiert.[110] Das Spiel entwickelt dann eine gefährliche Dynamik, insofern den Spielern nicht mehr klar ist, dass es im Spiel eigentlich um nichts geht.

Im Spiel, so sahen wir, ist der Spieler ganz in das Spielgeschehen involviert, er geht auf in dem Spielgeschehen. Alle Erinnerungen an die Vergangenheit wie an die Zukunft sind abgeblendet. So bindet das Spiel die Spielenden an die Gegenwart.[111] Die Spielenden sind für die Dauer des Spiels aus der Alltagswelt bzw. aus dem normalen Zeitablauf entrückt, sie sind ganz der Gegenwart des Spiels zugewandt. Diese Gegenwart wird gesteigert durch die offene Spannung des Spiels, die Spannung des Spiels steht – wie Martin Seel treffend formuliert – »im Dienst der gesteigerten Gegenwart«[112]. So ist es für das Spiel entscheidend, dass es einen offenen Ausgang besitzt. Zu Recht formuliert daher Caillois: »Das Spiel ist [...] eine *ungewisse* Betätigung, deren Ablauf und deren Ergebnis nicht von vornherein feststeht, da bei allem Zwang, zu einem Ergebnis zu kommen, der Initiative des Spielers notwendigerweise eine gewisse Bewegungsfreiheit zugebilligt werden muß«[113]. Das Spiel bedarf einer »kontrollierten Spannungsbalance«[114]. Es ist daher geradezu spielnotwendig, dass sich Spieler treffen, die einander gewachsen sind; nur so kann Offenheit des Ausgangs und die Spannung und

---

[107] Huizinga, Homo ludens, 13.
[108] Plessner, Lachen und Weinen, 103.
[109] Vgl. Scheuerl, Das Spiel, 79ff.
[110] So Caillois, Die Spiele und der Mensch, 52ff.
[111] So auch Wolfgang Janke, Art. Spiel I, TRE 31, Berlin/New York, 670–676, 675.
[112] Seel, Versuch über die Form des Glücks, 160.
[113] Caillois, Die Spiele und der Mensch, 16.
[114] Nobert Ellias, Der Fußballsport im Prozeß der Zivilisation, in: Rolf Lindner (Hrsg.), Der Satz »der Ball ist rund« hat eine gewisse philosophische Tiefe, Berlin 1983, 12–21, 13.

Freude am Spiel erhalten bleiben. Ist hingegen in der Spielsituation eine Seite hoch überlegen, so kommt ein Spiel gar nicht erst zustande oder, wenn es bereits begonnen worden ist, wird es wegen Unspielbarkeit abgebrochen.[115] Das Spiel »bedarf einer maßvollen Spannung. Spannungslosigkeit wäre der Tod für das Spiel«[116].

Angesichts der Merkmale des Spiels wird man die Spieldefinition Huizingas als tragfähig übernehmen können: »Der Form nach betrachtet, kann man das Spiel [...] zusammenfassend also eine freie Handlung nennen, die als ›nicht so gemeint‹ und außerhalb des gewöhnlichen Lebens stehend empfunden wird und trotzdem den Spieler völlig in Beschlag nehmen kann, an die kein materielles Interesse geknüpft ist und mit der kein Nutzen erworben wird, die sich innerhalb einer eigens bestimmten Zeit und eines eigens bestimmten Raumes vollzieht, die nach bestimmten Regeln ordnungsgemäß verläuft«[117].

2.2 Spiel, Glück und Gegenwart

Die Selbstzweckhaftigkeit und Gegenwärtigkeit des Spiels begründen die enge Verbindung zwischen Spiel und Glückserleben.[118] Glück wird erlebt im gegenwärtigen Sich-Bestimmt-Sein-Lassen durch das Dasein, mit Rüdiger Bittner gesprochen: Wir erleben Glück, wenn wir Dinge aus dem Grund tun, »weil es so oder so ist, sie zu tun«[119]. Ganz auf der Linie dieser Überlegungen liegt auch das Ergebnis des amerikanischen Psychologen Mihály Csíkszentmihályi, der der Frage nachgegangen ist, wann sich Menschen am glücklichsten fühlen. Csíkszentmihályis jahrzehntelangen Forschungen zufolge erleben alle Menschen am zuverlässigsten ein Gefühl der Freude und der tiefen Zufriedenheit, wenn sie in einer Tätigkeit »aufgehen«. Dieser Zustand selbstvergessener Aktivität wird von Csíkszentmihályi als »flow« bezeichnet, da im Aufgehen unserer Aktivitäten das Gefühl des »Fließens« stattfindet. »Wenn ein Mensch alle wichtigen Fähigkeiten braucht, um die Herausforderung einer Situation zu bewältigen, ist die Aufmerksamkeit vollständig von dieser Aktivität gefesselt. Es gibt keine überschüssige psychische Energie, um andere Informationen zu verarbeiten, außer den durch die Aktivität gebotenen. Alle Aufmerksamkeit ist auf die wichtigen Reize zentriert. Daraufhin erlebt man eines der universalsten und charakteristischsten Kennzeichen optimaler Erfahrung: Man ist so in die Tätigkeit vertieft, dass sie spontan, fast automatisch wird. Man nimmt sich nicht mehr als unabhängig von

[115] Vgl. Scheuerl, Das Spiel, 88ff.

[116] Vgl. a. a. O., 91.

[117] Huizinga, Home ludens, 21f.

[118] Zum Thema »Glück« vgl. Michael Roth, Zum Glück. Glaube und gelingendes Leben, Gütersloh 2011.

[119] Bittner, Aus Gründen handeln, 191.

der verrichteten Tätigkeit wahr«[120]. Das flow-Erlebnis vermittelt so »ein Gefühl, daß die eigenen Fähigkeiten ausreichen, eine gegebene Herausforderung in einem zielgerichteten, regelgebundenen Handlungssystem zu bewältigen, das deutliche Rückmeldung bietet, wie gut man dabei abschneidet. Die Konzentration ist dabei so intensiv, dass keine Aufmerksamkeit übrig bleibt, um an andere, unwichtige Dinge zu denken oder sich um Probleme zu sorgen. Das Selbstgefühl verschwindet, und das Zeitgefühl wird verzerrt. Eine Aktivität, die solche Erfahrung herbeiführt, ist so lohnend, daß man gewillt wird, sie um ihrer selbst willen auszuführen, ohne an mögliche Vorteile zu denken, auch wenn sie schwierig oder gefährlich ist«[121].

Wenn Csíkszentmihályi die flow-Erfahrung beschreibt, dann tut er dies häufig im Zusammenhang mit dem Spiel oder dem Sport.[122] Der Grund dafür ist leicht einsichtig; denn das Spiel – und der Sport ist in diesem Sinne als eine bestimmte Form des Spieles zu verstehen (s. u.) – sind darauf angelegt, flow-Erfahrungen zu ermöglichen: »Sie richten sich nach Regeln, die man lernen muß, sie bieten Ziele, geben Rückmeldungen und ermöglichen Kontrolle. Sie erleichtern die Konzentration und Vertiefung, indem sie die Aktivität so unterschiedlich wie möglich von der sogenannten ›übergeordneten Realität‹ der Alltagsexistenz gestalten. [...] Für die Dauer des Ereignisses verhalten sich Spieler und Zuschauer nicht nach den Regeln des gesunden Menschenverstandes und konzentrieren sich stattdessen auf die seltsame Realität des Spiels«[123].

Das Spiel schenkt Gegenwart, die Spielregeln verhindern eine Überschattung des Spiels von Vergangenheit und Zukunft. Aufschlussreich für unseren

---

[120] Mihály Csíkszentmihályi, Flow. Das Geheimnis des Glücks. Aus dem Amerikanischen übersetzt von A. Carpentier, Stuttgart [12]2005, 79 f.

[121] A. a. O., 103. Die Phänomenologie der Freude umfasst nach Csíkszentmihályi daher acht Hauptkomponenten: »Erstens, die Erfahrung findet gewöhnlich statt, wenn wir auf eine Aufgabe stoßen, der wir uns gewachsen fühlen. Zweitens müssen wir fähig sein, uns auf das zu konzentrieren, was wir tun. Drittens und viertens, die Konzentration ist gewöhnlich möglich, weil die angefangene Aufgabe deutliche Ziele umfaßt und unmittelbare Rückmeldung liefert. Fünftens, man handelt mit einer tiefen, aber mühelosen Hingabe, welche die Sorgen und Frustrationen des Alltagslebens aus dem Bewußtsein verdrängt. Sechstens, erfreuliche Erfahrungen machen es möglich, ein Gefühl der Kontrolle über Tätigkeiten zu erleben. Siebtens, die Sorge um das Selbst verschwindet, doch paradoxerweise taucht das Selbstgefühl nach der flow-Erfahrung gestärkt wieder auf. Und schließlich ist das Gefühl für Zeitabläufe verändert; Stunden vergehen in Minuten, Minuten können sich vermeintlich in Stunden ausdehnen. Die Kombination dieser Bestandteile ruft ein tiefes Gefühl von Freude hervor, welches so lohnend ist, dass man bereit ist, viel Energie dafür aufzuwenden, um es immer wieder zu erleben« (a. a. O., 74).

[122] Vgl. Mihály Csíkszentmihályi/Susan A. Jackson, Flow im Sport. Der Schlüssel zur optimalen Erfahrung und Leistung, München 2000. Vgl. hierzu auch bereits Johan Palm, Leistungsmotivation im Nahfeld persönlicher Leistungsfähigkeit. Zur Rolle des Wettbewerbs im Breiten- und Freizeitsport, in: Sportwissenschaft 26 (1993), 147–153.

[123] Csíkszentmihályi, Flow, 104.

Zusammenhang sind daher Martin Seels Überlegungen zum Spiel, insofern Seel zum einen das Spiel ganz von seiner Bindung an die Gegenwart her versteht, zum anderen das Spiel zu denjenigen Zwecken zählt, die in einem guten Leben eingeschlossen sein müssen (und damit die übergreifende Bedeutung des Spiels in den Blick nimmt). Wenn Seel von Zwecken spricht, die in einem guten Leben eingeschlossen sein müssen, will er diese Zwecke nicht als solche Ziele verstanden wissen, die ein gelingendes Leben vor sich hat, sondern er begreift sie als »Situationen«, die einem gelingenden Leben zugänglich sein müssen. »Der interne Zweck eines gelingenden Lebens ist erreicht und bleibt erreicht, solange diese Wirklichkeiten zugänglich sind«. Als solche Zwecke, präziser formuliert: Situationen des Lebens, macht Seel neben »Arbeit«, »Interaktion«, »Betrachtung« auch das »Spiel« namhaft. »Jede dieser Verhaltensweisen kann verstanden werden als Erschließung einer bestimmten Wirklichkeit, die einem gelingenden Leben zugänglich sein muß, gleichgültig, in welchem Verhältnis es diese Dimensionen aufsucht oder welche Verbindungen zwischen ihnen die jeweilige Lebensform dominieren [...]. [Gelingendes Leben] spielt sich in der Reichweite bestimmter Formen der Arbeit und der Interaktion, des Spiels und der Betrachtung ab«[124]. Mit Arbeit, Interaktion, Betrachtung und Spiel sind damit Möglichkeiten in den Blick genommen, die einem gelingenden Leben offenstehen müssen (vgl. 140).

Inwiefern nun ist das Spiel nach Seel eine Dimension des Lebens, die einem Leben offenstehen muss, das gelingend genannt zu werden verdient? Das Spiel wird von Seel als ein vollzugsorientiertes Handeln beschrieben, insofern die primären Zwecke im Vollzug des jeweiligen Handelns selbst liegen. Programmatisch behauptet Seel: »Einem guten Leben muß die Dimension – müssen Dimensionen – des Spiels offenstehen« (159). Entscheidend ist für Seel, dass im Spiel »um Gegenwart gespielt« wird. »Wir wollen uns in der Situation des Spielens auf eine besondere Weise gegenwärtig sein. Wir wollen im Geschehen des Spiels oder der Spielhandlung sein. Wir wollen in einer Situation sein, die nicht über sich hinausweist, aber doch unübersehbare Gestalten erzeugt. Wir wollen in den Möglichkeiten einer außergewöhnlichen Gegenwart sein«. So ist Ziel des Spiels ein »Involviertsein in und ein Agitiertsein durch die Situation einer durch die Regeln, Verläufe oder Zeiten des Spiels begrenzten Gegenwart«. Das Spiel besitzt Zwecke, »deren Verfolgung allein innerhalb des Raums und der Zeit des Spielens einen Sinn hat« (160). Die unterschiedlichen Merkmale des Spiels (wie neben seiner Zweckfreiheit die innere Unendlichkeit, die offene Spannung und die Ambivalenz und die dadurch ermöglichte Spannung des Spiels) werden von Seel – hierin mit unseren Überlegungen übereinstimmend – von der Gegenwärtigkeit des Spiels her zu verstehen gesucht. Entscheidend ist für Seel, dass es dem Spielenden um die Gegenwart des Spielens geht.

---

[124] Vgl. Seel, Versuch über die Form des Glücks, 239 (Nachweise im Text).

Weiterführend sind die Überlegungen von Seel nun vor allem deshalb, weil er die Fähigkeit und die Gelegenheit zum Spiel nicht nur als »etwas Gutes« bezeichnet – dies ist unmittelbar evident –, sondern darüber hinaus zu zeigen versucht, dass »das Spielenkönnen ein konstitutives Gut [ist], eines, ohne das ein gutes Leben nicht gelingen kann«. Dies ist nach Seel deshalb der Fall, weil das Spiel gegenüber allen auf Zukunft gerichteten Vorhaben stets ein Rückgang auf die Gegenwart ist. »Wer spielt, bestimmt sich in besonderer Weise auf Gegenwart hin« (162). So lassen wir allein oder mit anderen »die Wirklichkeit eines Spielens entstehen, das uns in der Gegenwart einer Auseinandersetzung mit dieser Wirklichkeit hält«. Damit aber üben wir im Spiel eine für das Leben grundsätzlich notwendige Fähigkeit aus, nämlich die, uns auf eine »unübersehbare Wirklichkeit einzulassen«. So ist das Spielen »eine der Formen, in denen die Offenheit für erfüllte Augenblicke erworben, geübt und praktiziert werden kann. Wir spielen oft um der Möglichkeit des Augenblicks willen«. Ist es so für das Spielenkönnen ein wichtiges Kriterium, »ob einer in der Spielsituation das Geschenk des Augenblicks annehmen kann« (163), so ist das Spielenkönnen wichtiges Kriterium für das gute Leben überhaupt. Daher besteht ein gelingendes Leben darin, zu den Zeiten dieses Lebens einen Zugang zu der Praxis des Spiels zu haben. Ein gutes Leben zeichnet sich dadurch aus, spielen zu können (vgl. 173). Diese Aussage von Seel ist nicht mit der Behauptung zu verwechseln, dass es zum guten Leben gehört, tatsächlich zu spielen. Vielmehr ist es durchaus möglich, aus freier, selbstbestimmter Entscheidung auf die Ausübung der Fähigkeit zu spielen zu verzichten, nicht jedoch ist es nach Seel möglich, auf den Besitz dieser Fähigkeit zu verzichten, d. h. auf die grundsätzliche Offenheit für erfüllte Augenblicke.

Seels Überlegungen zum Spiel als einer Dimension des gelingenden Lebens sind für unseren Zusammenhang weiterführend: Die im Spiel waltende Gegenwärtigkeit ist nicht zu verstehen als Freiraum von dem in der Verwirklichung der unterschiedlichen Zwecke aufzugehen drohenden Alltag und seiner Tendenz, die Gegenwart zugunsten von Zukunftsprojektionen zu verlieren (in dem Sinne, dass man in dem Spiel diejenige Gegenwart findet, die im übrigen Leben verloren geht). Vielmehr ist die Fähigkeit zum Spiel eine entscheidende Voraussetzung, um überhaupt Gegenwart zu gewinnen, um sich auf die Gegenwart einzulassen, um – mit Seel gesprochen – die »Offenheit für erfüllte Augenblicke« (s. o.) zu haben. Wer die Fähigkeit besitzt, sich im Spiel auf die Gegenwart einzulassen, der wird auch im Alltag offen sein für Gegenwart und umgekehrt: Wer die Fähigkeit für das Spiel nicht besitzt, der wird auch im Alltag die Gegenwart nicht ergreifen können.

Die durch das Spiel stattfindende Bindung des Menschen an die Gegenwart kann erst dann in seiner ganzen Bedeutung angemessen erfasst werden, wenn wir uns die große Gefahr klar machen, die uns im Alltag droht: der Verlust der Gegenwart. Die Überlegungen verdeutlichen, dass wir das Glück verfehlen, wenn wir uns der Gegenwart verschließen, weil wir mit der Vergangenheit beschäftigt oder auf die Zukunft fixiert sind. Wer – um eine Formulierung Martin Luthers aufzugreifen – alles »auffs ku(e)nfftig [...] meystern und regirn« will, der lässt sich nicht »begnu(e)gen an dem das fur handen gegenwertig ist«[125], sondern kann dieses ausschließlich als »Noch-nicht« in den Blick bekommen. In diese Richtung formuliert auch Gerd Haeffner in seinem Buch »In der Gegenwart leben«: »Was heißt: in der Gegenwart leben? [...] Eine negative Antwort ist leicht gegeben: *nicht* in der Gegenwart lebt einer, der in der Vergangenheit oder in der Zukunft lebt, *nicht* in der Gegenwart lebt einer, der in der Phantasie statt in der Wahrnehmung lebt«[126]. Haeffner macht deutlich, dass wir unfähig sind, uns dem Gegenüber und seiner Präsenz zu öffnen, wenn wir uns nicht in der Gegenwart aufhalten (vgl. 159). In dem Maße, in dem wir uns der Gegenwart verschließen, verpassen wir das Glück. Und wir verschließen uns der Gegenwart, wenn wir sie zum »Noch-nicht« degradieren. Die Gegenwart ist nicht einfach »Sprungbrett zur Erreichung von etwas, was es noch nicht gibt« (165), sondern das Erleben von Glück verlangt, dass wir die Gegenwart als das Eigentliche ernst nehmen, nicht als etwas, dass es zu instrumentalisieren gilt für einen übergeordneten – in der Zukunft liegenden – Zweck.

Ich möchte dies an Heinrich Bölls »Anekdote zur Senkung der Arbeitsmoral« verdeutlichen: In einem Hafen an der westlichen Küste Europas spricht ein Tourist einen ärmlich gekleideten Fischer an, der, nachdem er am Morgen mit seinem Boot bereits ausgefahren ist und reichlichen Fang gemacht hat, in seinem Fischerboot liegt und vor sich hin döst. Der Tourist vermag nicht zu verstehen, dass der Fischer den restlichen Tag nicht nutzt, um erneut auszufahren und seinen Fang zu vergrößern. Weil der Fischer für den Rat des Touristen Unverständnis bekundet, versucht dieser ihm zu zeigen, wie er seine Arbeitsproduktivität steigern könnte: Wenn er mehrmals am Tage ausfahre, könne er sich vielleicht nach einem Jahr einen Motor für sein Boot kaufen, dann eines Tages einen Kutter, in einigen Jahren schließlich ein Imperium aufbauen, mit eigenem Kühlhaus, einer Räucherei, einer Marinadenfabrik und eigenen Restaurants, um so eines Tages in die Lage versetzt zu sein, nur noch beruhigt im Hafen sitzen zu können, in der Sonne zu dösen und auf das Meer zu blicken. »Aber das tu' ich ja schon jetzt« entgegnet der Fischer, »ich sitze beruhigt am Hafen und döse«. Böll schließt seine Kurzgeschichte mit folgenden Worten: »Tatsächlich zog der solcherlei belehrte Tourist nachdenklich von dannen, denn früher hatte er auch einmal geglaubt, er arbeite, um eines Tages einmal nicht mehr arbeiten zu müs-

[125] Martin Luther, Vorrede auf den Prediger Salomo (1524), in: ders., Martin Luthers Werke. Kritische Gesamtausgabe. Die deutsche Bibel Bd. 10/II, Weimar 1957, 104–106, 106, Z. 8f.

[126] Gerd Haeffner, In der Gegenwart leben. Auf der Spur eines Urphänomens, Stuttgart/Berlin/Köln 1996, 7 (Nachweise im Text).

sen, und es blieb keine Spur von Mitleid mit dem erbärmlich gekleideten Fischer in ihm zurück, nur ein wenig Neid«[127].

Was ist so beneidenswert an dem Fischer? Der Fischer scheint tatsächlich in der Gegenwart zu leben und die Fähigkeit zu besitzen, die Anmutungsqualität des Augenblicks zu ergreifen. Deutlich ist, dass er sich keine Gedanken darüber macht, was alles erst sein müsste, damit er auf die Schönheit des Augenblicks eingehen darf. Gerade dies unterscheidet ihn von dem Touristen. Was wird diesem plötzlich klar? Worin besteht sein bisheriger Irrtum? Der Tourist merkt, dass er die Situation, in der sich der Fischer befindet, nie erreichen wird. Seine Vorstellung davon, was erst alles geschehen müsste, bevor er sich den Dingen hingeben könnte, ist Resultat des Unvermögens, sich auf die aktuelle Gegenwart einzulassen. Wenn Böll schreibt: »[F]rüher hatte er [...] einmal geglaubt, er arbeite, um eines Tages einmal nicht mehr arbeiten zu müssen« (s. o.), dann ist uns klar: Sein Projekt der wirtschaftlichen Entfaltung, das ihn im Noch-nicht hält (»Noch besitze ich die eigene Marinadenfabrik nicht...«), ermöglicht es ihm nicht, in der gerade erlebten Gegenwart den Augenblick als etwas anzunehmen, was es jetzt zu ergreifen gilt. Indem nämlich das Wahre und Eigentliche als das »Noch-nicht« und daher immer nur das noch Ausstehende in den Blick kommt, erweist sich dieses Entfaltungsdenken, in dem das menschliche Leben als ein Projekt gesehen wird, als ein Verdikt gegen die eigene Gegenwart; denn die Gegenwart (und ihre Möglichkeiten) ist immer das Uneigentliche, das noch nicht Wahre und Wirkliche, weil der Prozess eben nicht abgeschlossen ist, auf dem wir uns zu befinden meinen. Erst wenn dieses Projekt abgeschlossen ist, scheinen wir im Eigentlichen zu sein. Das Fatale besteht somit darin, dass dieser prinzipiell unabschließbare Prozess die Gegenwart jeweils zum »Noch-nicht« degradiert. »Noch ist die Zeit nicht gekommen...«. Von daher ist uns klar, dass selbst, wenn die Marinadenfabrik gebaut und eigene Restaurants eröffnet sind, der Augenblick für ein so verstandenes Lebenskonzept nicht kommt. Er kommt deshalb nicht, weil immer neue Dinge auftauchen werden, die es erst zu verwirklichen gilt. Und dies ist wiederum deshalb der Fall, weil die Funktion dieses Lebenskonzeptes aufgrund des in der Angst begründeten Unvermögens, sich auf die Gegenwart und ihre Möglichkeiten einzulassen, gerade darin besteht, den Menschen im permanenten Noch-nicht zu halten. Das Entfaltungskonzept, das in den unterschiedlichsten Formen auftreten kann, ist eine Form des Misstrauens dem Dasein gegenüber und daher als der sublime Versuch zu werten, das Unvermögen, sich der Gegenwart und ihren Möglichkeiten anzuvertrauen, durch eine Lebensregel zu kaschieren, die aus dem Unvermögen eine Tugend macht. Aus dem wahren Grund »Ich *kann* mich der Gegenwart und seiner Möglichkeiten *nicht* anvertrauen« wird die Erklärung »Ich *darf* mich nicht einfach dem Augenblick hingeben, noch ist nicht die rechte Zeit«.

---

[127] Heinrich Böll, Anekdote zur Senkung der Arbeitsmoral (1963), in: ders., Entfernung von der Truppe. Erzählungen, München 1992, 86–88, 88.

2.3 Kritik an der Selbstzweckhaftigkeit des Spiels

Die Hochschätzung der Moral und das Bedürfnis, alles unter einer moralischen Perspektive zu sehen, lassen alles als schwierig erscheinen, was nur um seiner selbst willen getan wird, ohne damit einen höheren Zweck zu verfolgen. Es zeigte sich, dass gegenwärtig eine Tendenz zu bestehen scheint, alles unter einem moralischen Blickwinkel zu beachten und moralische Motive als alleingültige Motive auszugeben. Nun stellt uns das eigentlich vor kein größeres Problem; denn die meisten Handlungen können wir moralisch umdeuten, indem wir uns und andere glauben machen, dass wir sie nicht um ihrer selbst willen intendieren, weil wir dabei Freude und Genuss empfinden, sondern dass wir sie zu einem höheren Zweck gebrauchen. Gerade in kirchlichen Kreisen dürften solche Umdeutungen an der Tagesordnung sein: »Nein, ich habe mir keinen Mercedes gekauft, weil ich es mag, mit vielen PS und dazu bequem zu fahren, sondern weil ich den Platz brauche, falls ich mal ältere Menschen aus meiner Gemeinde mitnehme. Und tiefergelegt ist mein Mercedes, damit auch Rollstuhlfahrer bequem einsteigen können«. Entscheidend für unseren Zusammenhang ist zunächst, dass Handlungen, die sich dem Genuss verdanken, umgedeutet werden können als in Gebrauch genommenes Mittel für ein höheres (moralisches) Ziel. Von hier aus erschließt sich die Sperrigkeit und Widerborstigkeit des Spiels. Es versagt sich nämlich dieser Umdeutung. Im Spiel hat die Verzweckung durch den Menschen (auch die moralische Verzweckung) aufgehört und ist dem Genuss der gewährten Zeit und Gelegenheit gewichen. Der Genuss gehört wesensnotwendig zum Spiel, das Spiel zum Gegenstand des Gebrauchens zu erklären, zerstört das Spiel: Es gibt nur ein *frui*, kein *uti ludo*.

Aufgrund dieser einzigartigen Beziehung von Spiel und Genuss nötigt das Spiel, die Frage zu stellen, der man sonst gerne ausweicht: der Frage nach der ethischen Legitimation des Genusses, der selbst- und weltvergessenen Hingabe an die Dinge des Daseins. So könnte man von einer bestimmten moralischen Warte in Bezug auf das Spiel fragen: Entzieht sich der Mensch im Spiel dem »*ordo* der moralischen Zwecke«, indem er sich den Dingen selbst im Vergnügen und im Genuss hingibt? Wir haben bereits festgestellt, dass sich der Mensch im Spiel – damit dieses gelingen kann – »ihm widmen können [muss], als gäbe es nichts außer diesem Spiel in der Welt«. Das Spiel verlangt eine »selbst- und weltvergessene Hingabe«[128], ja, es verlangt, dass der spielende Mensch während des Spiels an den Belangen der Wirklichkeit »uninteressiert«[129] ist. Im Spiel wird nichts außerhalb des Spielgeschehens intendiert, sondern ausschließlich der im Spiel waltende Genuss. So formuliert Helmuth Plessner, dass der Mensch im

---

[128] Scheuerl, Das Spiel, 70.

[129] A. a. O., 79.

Spiel von »moralischen [...] Notwendigkeiten frei«[130] ist. Damit steht die Ethik vor der Frage, inwiefern die Intention, sich dem *ordo* der Zwecke durch Hingabe an die Dinge des Daseins zu entziehen, ethisch legitimiert werden kann.

Das Spiel ist – so könnte man sagen – der Bereich der Hingabe und des Genießens, des Ankommens und Verweilens bei einer Sache aus dem einzigen Grund, weil sie als lustvoll erlebt wird. Die damit gegebene Problematik wird deutlich, wenn man an Augustins Unterscheidung von *uti* und *frui* denkt, die oben bereits anklang, denn hier kann das Genießen der endlichen Dinge des Daseins nur als Sünde in den Blick kommen. Zwar spricht auch Augustin von einem Genuss, nämlich dem Genuss Gottes (*animo deum habere, id est deo frui*[131]), allerdings ist Gott für Augustin *ausschließlicher* Gegenstand des Genusses, die Güter des Daseins hingegen dürfen bloß Gegenstand des »Gebrauchens« (*uti mundo*) sein. Sie müssen »gebraucht« werden, um den Genuss Gottes (*frui deo*) vorzubereiten. Damit regelt das Begriffspaar *uti – frui* das Verhalten des Menschen zu Gott und Welt. Verletzt wird die Ordnung der Schöpfung, insofern etwas, das zum Gebrauch für den wahren Genuss bestimmt ist, selbst Gegenstand des menschlichen Genießens wird. Bei Augustin muss somit alles Endliche einen Zweck über die unmittelbare Sache hinaus besitzen. Jede Sache muss Mittel für etwas Höheres sein, alles muss in den *ordo* der Zwecke eingespannt werden.

Im Blick auf Augustins wirkmächtige Überlegungen kann es nicht überraschen, dass das Spiel/die Freizeit in den protestantischen Ethiken des 19. Jahrhunderts nicht gut wegkommt, offenkundig, weil die kontinuierliche Arbeit am Reich Gottes das spielerische Verweilen in der Zeit nicht verträgt. Wie das Spiel in seiner Loslösung aus dem *ordo* der Zwecke der *praxis pietatis* größte Schwierigkeiten bereitet hat, zeigt sich fast beispielhaft bei August Hermann Francke.[132] Schon ein kurzer Blick in Franckes autobiographische Schrift »Anfang und Fortgang der Bekehrung August Hermann Franckes« vermag zu verdeutlichen, dass er schon als Zwölfjähriger einen Hass auf alles kindliche Spiel entwickelt hat. Durch das Beispiel seiner Schwester wurde er zu allem Guten gereizt, »daß ich bald anfing, das eitle Wesen der Jugend, in welches ich mich schon durch das böse Exempel anderer Kinder ziemlich verliebt und vertieft hatte, daß es von mir (weil man es an mir als einem Kinde, wie der Lauf der Welt ist, ohne großen Widerspruch eine Zeitlang erduldet hatte) fast für keine Sünde geachtet ward, ernstlich zu hassen, mich des Spielens und anderen Zeitverderbens zu entschla-

[130] Helmuth Plessner, Der Mensch im Spiel, in: Werner Marx (Hrsg.), Das Spiel. Wirklichkeit und Methode (Freiburger Dies Universitatis), Freiburg i. Br. 1967, 7–11, 7.

[131] Augustin, De beata vita/Über das Glück. Übersetzt und erläutert von Ingeborg Schwarz-Kirchenbauer und Willi Schwarz, Stuttgart 1982, 4, 34.

[132] Vgl. hierzu die Studie von Erich Geldbach, Sport und Protestantismus. Geschichte einer Begegnung, Wuppertal 1975, 63ff.

gen, und etwas Nützliches und Besseres zu suchen«[133]. Beseelt von dem Wunsch, seine Zeit mit Nützlichem zu verbringen, wird das zweckfreie Spiel als Zeitverderben empfunden, die Freude an dem im Spiel stattfindenden Entzug von der Sphäre des Nützlichen für Sünde erachtet. Diese Zeilen erschrecken nicht bloß deshalb, weil sie die Sicht eines Kindes wiedergeben, sondern weil sie von demjenigen stammen, der sich die Erziehung der Kinder zur Lebensaufgabe gemacht hat und das – wie man hört – zum »Nutzen der ganzen Christenheit, ja, der ganzen Welt«[134]. So hat Francke selbstverständlich in seiner eigenen Erziehungsarbeit wenig Sinn für das kindliche Spiel seiner Zöglinge: Francke lehnt alle Spiele als Bestandteil des Stundenplans für die Schule ab und nennt sie in einem Atemzug mit »Schertzen, schändlichen Reden, Verachtung der Praeceptoren, Müssiggang und dergleichen«[135]. Zwar kann Francke den kindlichen Bewegungsdrang zulassen, ihm haftet aber der Zwang zum Utilitaristischen an. So muss selbst aus einem harmlosen Spaziergang ein Botanikunterricht werden, damit nicht Müßiggang daraus wird. Was sich nicht wie der Spaziergang utilitaristisch vereinnahmen lässt, wie beispielsweise das Schlittenfahren, wird als unnütz, eitel und sündig abgelehnt. So formuliert Francke für den Theologiestudenten: »Er hütet sich vor allem ausschweifenden Wesen und gewöhnt sich nicht zum Müßiggang, zeitverderbende Gesellschaft, unnützen Reisen und anderem christlichen und äußerchristlichen Beruf hinderlichen Dingen; sonderlich meidet er [...] allerley Art von Spielen, als die zum wenigsten das Gemüth von Gott divertiren und abkehren, dahin auch das Welt-übliche Tantzen gehöret, [...] alles eitele spatzieren gehen, reiten, fahren; und im Winter das unnützliche, eitele und also auch sündliche, Schlitten-fahren u. s. f.«[136].

Ein Blick auf die ethische Theoriebildung im 19. und 20. Jahrhundert verdeutlicht nun, dass nicht nur die Frömmigkeitspraxis, sondern auch die protestantische Ethik durch die ethische Beurteilung des Spiels vor erhebliche Schwierigkeiten gestellt ist. Das Spiel kann in seiner Zweckfreiheit nicht geduldet werden, sondern muss utilitaristisch vereinnahmt werden: So hat es nach Ernst Luthardt[137] der »Erholung [...] und Geschicktmachung«[138] zu dienen, nach Adolf Schlatter[139] ist die Aufgabe des Spiels, dass es »Funktionen stärkt, die wir auch im ernsthaften Teil unseres Lebens verwenden, sei es so, daß es unser Denken

---

[133] Georg Kramer (Hrsg.), A. H. Francke's Pädagogische Schriften. Nebst der Darstellung seines Lebens und seiner Stiftungen, Langensalza 1876, 4.

[134] A. a. O., 518.

[135] August Hermann Francke, Lectiones paraenetica, oder öffentliche Ansprachen an die Studiosos Theologiae auf der Universität zu Halle ... Der VII. Theil, hrsg. v. Gotthilf August Francke, Halle 1736, 178 (zit. nach Geldbach, Sport und Protestantismus, 69).

[136] Ders., Idea Studiosi Theologiae, Halle ^{5}1758, 60f. (zit. nach Geldbach, Protestantismus und Sport, 68).

[137] Christoph Ernst Luthardt, Kompendium der theologischen Ethik, Leipzig ^{2}1898, 369f.

[138] A. a. O., 369.

[139] Adolf Schlatter, Die christliche Ethik, Stuttgart ^{4}1961, 367ff.

entwickelt, sei es so, daß es die leibliche Tüchtigung pflegt, wie der Sport es tut«[140]. Wilhelm Herrmann behandelt als abschließendes Kapitel seiner pflichtenethisch orientierten Ethik die »sittlich erlaubte Erholung«[141]. Diese utilitaristische Vereinnahmung des Spiels ist auch bei Jürgen Moltmann anzutreffen, der zwar die utilitaristische Deutung des Spiels als Mittel zur Erholung ablehnt, dies jedoch letztlich nur deshalb, um das Spiel noch stärker utilitaristisch zu vereinnahmen. In seiner Monografie »Freude an der Freiheit und dem Wohlgefallen am Spiel« wird das Spiel in die sozialrevolutionäre Aufgabe des Christen (d. h. den sozialrevolutionären *ordo* der Zwecke) einbezogen.[142] Damit aber wird das Spiel auch bei Moltmann von seinem Wesen entfremdet, das nämlich gerade in seinem Entzug aus dem *ordo* der Zwecke besteht.

Schließlich ist – aller Hochschätzung zum Trotz – auch der Kirchenvater des 19. Jahrhunderts, Friedrich Daniel Ernst Schleiermacher, dieser Ablehnung des Zweckfreien verpflichtet. In seiner »Christlichen Sitte«, in der Schleiermacher eine »Darstellung der Art und Weise des Christen zu leben und zu handeln«, d. h. eine »Beschreibung derjenigen Handlungsweise, welche aus der Herrschaft des christlich bestimmten religiösen Selbstbewußtseins entsteht«[143], bietet, geht er auf die Geselligkeit (vgl. 671ff.) und auf das Spiel (690ff.) ein: Aufgabe des Spiels ist die »Entwickelung geistiger Fähigkeiten« (694). Abgelehnt wird daher jede spielerische Tätigkeit, in dem der Mensch sich dem Spielgeschehen hingibt und sich ergötzt (vgl. 695). In diesem spielerischen Treiben herrsche eine »nichtige Ausfüllung der Zeit« (695). Hier bezieht sich Schleiermacher auf das Kartenspiel: »[D]ie freie geistige Thätigkeit [ist] dabei eine so untergeordnete, daß man nicht sagen kann, es sei eine unschuldige Art die Zeit auszufüllen. Es muß ein jeder das Gefühl der Leerheit dabei haben« (696).[144] Folgende grundsätzlich geltende Regel stellt Schleiermacher daher für den Umgang mit dem Spiel auf: »Das muß die Grenze sein für einen jeden in dem Gebiete [...] des Spiels, was ihn darin auf eine sinnliche Weise afficirt, d. h. auf eine bloß sinnliche weise, so daß die Sittlichkeit Null wird« (698). Schleiermachers ethische Erörterung des Spiels unterscheidet sich im Wesentlichen nicht von den bereits dargestellten Überlegungen innerhalb der protestantischen Ethik. Auch Schleiermacher vermag das Spiel nicht in seiner Loslösung aus dem *ordo* der Zwecke zu ertragen, sondern meint es in der Weise versittlichen zu müssen, dass er es in den *ordo* der Zwecke einbindet. Daher bringt auch Schleiermacher das Spiel – indem er es dem Zweck

---

[140] A. a. O., 369.

[141] Vgl. Wilhelm Herrmann, Ethik, Tübingen [5]1913, 236ff.

[142] Jürgen Moltmann, Die ersten Freigelassenen der Schöpfung. Versuche über die Freude an der Freiheit und das Wohlgefallen am Spiel, München 1971, 20ff.

[143] Friedrich Daniel Ernst Schleiermacher, Die christliche Sitte nach den Grundsäzen der evangelischen Kirche im Zusammenhange dargestellt, in: Sämmtliche Werke. Erste Abtheilung: Zur Theologie. Bd. 12, Berlin 1843, 33.

[144] Nur bei Menschen mit »großem Mangel an geistiger Bildung« (696) mag nach Schleiermacher das Kartenspiel schuldlos sein.

unterstellt –, um seine Pointe. Das Spiel ist für Schleiermacher kein zweckfreies Tun, sondern Bildungs*arbeit*.

Aufschlussreich ist der Hintergrund von Schleiermachers Verständnis des Spiels: sein Verständnis der christlichen Frömmigkeit als »teleologische Frömmigkeit«. Bekannterweise grenzt Schleiermacher im Paragraphen 9 der Glaubenslehre die teleologische Frömmigkeit als Form der aktiven Gestaltung (Beziehung auf die sittliche Aufgabe des Reiches Gottes) von der ästhetischen Frömmigkeit als Form der Hingabe an die Wirkung der Dinge ab und ordnet die teleologische Frömmigkeit der ästhetischen über. Dabei bezeichnet er eine solche Bestimmtheit des religiösen Gefühls (der schlechthinnigen Abhängigkeit) als teleologisch, in der das schlechthinnige Abhängigkeitsgefühl geprägt ist durch ein Gefühl von dem, was »von uns zu tun sei«. Teleologische Frömmigkeit meint nach Schleiermacher, »daß die vorherrschende Beziehung auf die sittliche Aufgabe den Grundtypus der frommen Gemütszustände bildet«. Beziehung auf die sittliche Aufgabe aber meint: »ein werktätiger Beitrag zur Förderung des Reiches Gottes«[145]. Diese Arbeit am Reich Gottes lässt keine Hingabe zu, nichts, was nicht eingeordnet werden kann. Dieses Verständnis des Ethischen verdeutlicht auch Schleiermachers Ablehnung des Begriffs des Erlaubten. Wird der Begriff des Zulässigen oder Erlaubten (ethische Adiaphora) in der Ethik gebraucht für die Bezeichnungen derjenigen Handlungen des Menschen, die weder gefordert noch verboten sind, so formuliert Schleiermacher (im Blick auf Fichte): »Es ist [...] ein ganz allgemeines Ergebnis dieser Darstellungsweise, daß dabei große Gebiete menschlichen Handelns von unstreitig großem sittlichen Gehalt in der Sittenlehre doch nicht abgeleitet und in ihrer Notwendigkeit begreiflich gemacht, sondern nur als ein zulässiges und erlaubtes durchgängig gemacht werden«[146]. Nun geht es Schleiermacher nicht bloß darum zu behaupten, dass auch das »Erlaubte« oder das »Zulässige« eines ethischen Verstehens bedarf, sondern vielmehr darum, in grundsätzlicher Weise zu bestreiten, dass es so etwas wie ein »Erlaubtes« überhaupt geben kann: »Wenn [...] pflichtgemäß jede solche Handlung [ist], welche [...] das Interesse an der Totalität der sittlichen Aufgabe befriedigt, pflichtwidrig aber [...] nicht nur dasjenige was der sittlichen Totalität [...] widerstreitet [...], sondern auch welche Handlung wirklich von einer einzelnen sittlichen Richtung in dem gegebenen Moment ausgeht, aber so, daß sich diese Forderung einer anderen sittlichen Richtung in dem gegebenen Moment gegen sie erhebt [...]: so fragt sich zunächst, was für Handlungen könnten wohl zwischen

---

[145] Friedrich Daniel Ernst Schleiermacher, Der christliche Glaube. Nach den Grundsätzen der evangelischen Kirche im Zusammenhange dargestellt, Bd. 1, hrsg. v. Martin Redeker, Berlin [7]1960, § 9, 1.

[146] Friedrich Daniel Ernst Schleiermacher, Ueber den Begriff des höchsten Gutes. Erste Abhandlung (gelesen am 17. Mai 1827), in: ders., Sämmtliche Werke. Dritte Abtheilung: Zur Philosophie. Bd. 2, Berlin 1838, 446–468, 454.

diesen beiden liegend solche erlaubte sein«[147]? Wir sollen jedoch – so Schleiermacher – »zu nichts Zeit haben [...], was [...] nicht sittlich nothwendig, sondern nur sittlich möglich sein will [...]«[148]. Schleiermachers Forderung nach der Arbeit am Höchsten Gut erlaubt kein Handeln, das sich dieser Forderung entzieht, für die Hingabe ist keine Zeit.

2.4 Vom »Nutzen« des Spiels

Kann man angesichts unserer Überlegungen von der Zweckfreiheit des Spiels überhaupt – wie die Überschrift dieses Kapitels es tut – von einem Nutzen des Spiels sprechen? Besteht die Pointe des Spiels nicht gerade darin, dass kein über das Spiel hinausgehender Nutzen intendiert wird? Wenn die Frage nach dem Nutzen des Spiels nicht alle bisherigen Einsichten über Bord werfen will, ist mit dem »Nutzen« des Spiels nicht die Intention zu spielen in den Blick genommen, sondern nur gefragt, welchen tatsächlichen Nutzen das Spiel in Bezug auf den Raum des Nicht-Spiels besitzt. So wird man Helmut Thielicke zustimmen können, wenn er behauptet, dass man zwar sagen könne, dass das Spiel einem Zwecke diene, dass dies aber nur im indikativischen Sinn gelten könne, keinesfalls jedoch imperativisch gefordert werden dürfe, dass das Spiel einem Zwecke dienen solle. »Denn das würde heißen, daß der Gestaltende und der Spielende ihre Intention auf eine Größe außerhalb von Gestalt und Spiel zu richten hätten und daß damit die immanente Teleologie aufgerissen und die für sich seiende Welt von Gestalt und Spiel in einen sachfremden Bezug hinein aufgelöst würde«[149]. »Immer aber wird es nur in dieser indikativischen Weise gesagt werden dürfen; man kann es gleichsam nur ›hinter dem Rücken‹ des Künstlers und des Spielenden sagen, so daß sie es nicht hören. Und wenn sich beide dies selbst sagen [...], dann werden sie es sich eben außerhalb der Augenblicke ihres Gestaltens und Spielens sagen. Nochmals: solche Feststellungen sind nur hinter dem Rücken des Künstlers und des Spielers zu machen, niemals aber so, daß beide diese Feststellung als imperativischen Appell vernehmen sollen; der sie von ihrer Sache ablenkt und ihnen den Ernst nimmt, den wir als ›Kinder hatten bei unserm Spiel‹ (Hölderlin)«[150].

Bedenkt man wie Thielicke, dass die Intention zu spielen das Spiel selbst ist, dann kann man durchaus nach einem »Nutzen« des Spiels fragen, der über das Spiel hinausgeht. Die Frage nach dem Nutzen des Spiels, die das Wesen des

[147] Friedrich Daniel Ernst Schleiermacher, Über den Begriff des Erlaubten (gelesen am 29. Juni 1826), in: ders., Sämmliche Werke. Dritte Abtheilung: Zur Philosophie. Bd. 2, Berlin 1838, 418–445, 419.
[148] A. a. O., 432.
[149] Helmut Thielicke, Theologische Ethik III/3, Tübingen 1964, 816.
[150] A. a. O., 817.

Spiels bedenkt, lautet dann: Welchen Nutzen hat es, ohne Blick auf einen Nutzen sich im Spiel den Dingen des Daseins selbst hinzugeben? Damit ist schon ein erster Hinweis auf den Nutzen des Spiels gegeben; denn dieser Nutzen muss gerade dadurch erreicht werden, dass er nicht bewusst intendiert ist.

Auf die grundlegende und zentrale Bedeutung des Spiels hat vor allem Martin Seel verwiesen, wie wir im vorigen Kapitel gesehen haben: Das Spiel ermöglicht gegenüber allen auf Zukunft gerichteten Vorhaben stets einen Rückgang auf die Gegenwart, es übt die Fähigkeit, sich auf eine unübersehbare Wirklichkeit einzulassen, und lehrt die Offenheit für erfüllte Augenblicke. Im Folgenden sei auf zwei Bedeutungen verwiesen, auf die in der Literatur häufig aufmerksam gemacht wird und die erst durch die von Seel erarbeitete Funktion angemessen eingeordnet werden können: die Bedeutung des Spiels für das menschliche Lernen einerseits und seine Bedeutung für die menschliche Kultur andererseits.

Dass das Spiel eine Bedeutung für das menschliche Lernen besitzt, ist sozusagen »Allgemeingut«, die Zeiten, in denen bspw. bei August Hermann Francke und seinen Erziehungsidealen das Spiel als unnützer Zeitvertreib abgetan wird, gehören gottlob der Vergangenheit an. So ermöglicht das Spiel nach Arnold Gehlen eine »Bekanntschaft mit den Dingen«, es führt ebenso zu einer «kommunikative[n] Weltbewältigung« wie zu einer »Selbsterschließung des eigenen Könnens«[151]. Wieso gelingt uns diese »kommunikative Weltbewältigung« gerade im Spiel? Zunächst wird man sagen können: weil sie hier eben spielerisch geschieht. Da es im Spiel »um nichts geht«, können wir uns im Spiel erproben. »Nicht-Gelingen« hat keine negativen Auswirkungen, zumindest keine solchen, die über das Spielgeschehen hinausreichen. »Gelingen« und »Nicht-Gelingen« bleiben auf das Spielgeschehen begrenzt. Zum anderen ist zu bedenken, dass die Welterschließung gar nicht bewusst intendiert wird. Wir werden ergriffen von den Anmutungsqualitäten der Dinge und lassen uns durch sie bestimmen. Im spielerischen Geschehen sind wir völlig vertieft und damit den Dingen ganz ausgesetzt. Wir erleben einen unmittelbaren Kontakt mit den Dingen des Daseins. Wir lassen uns direkt durch die Dinge anreden und gehen mit ihnen um. In dieser kommunikativen Weltbewältigung liegt auch die Bedeutung des Spiels für die kindliche Entwicklung, wie Jean Piaget immer wieder herausgearbeitet hat: Das Kind übt sich im Spiel in die Welt der Erwachsenen ein, insofern es im Spiel den Umgang mit Situationen und Personen lernt und ihm das Spiel damit als Vorübung der späteren Lebensbetätigung dient.[152]

Nun ist an dieser Stelle auf einen Einwand aufmerksam zu machen, den Frederik Jakobus Johannes Buytendijk erhebt. Er lehnt die Auffassung, das Spiel

---

[151] Gehlen, Der Mensch, 206.

[152] Scheuerl, Das Spiel, hat die Bedeutung des Spiels für die Reformpädagogik ausgewertet.

sei »Vorübung der späteren Lebensbetätigungen«[153] mit dem Hinweis darauf ab, dass das Spiel auch bei Erwachsenen vorkomme. Das bedeutet nun jedoch nicht, dass Buytendijk bestreitet, dass das Wesen des Spiels mit dem Wesen des Jugendlichen zusammenhängt, doch ist nach Buytendijk das jugendliche Wesen nicht ausschließlich an ein bestimmtes Alter gebunden, vielmehr weise auch der erwachsene Mensch Merkmale des Jugendlichen auf. In gewisser Weise wird man Buytendijks Auffassung durchaus zustimmen können: In der Tat kann das Spiel nicht auf ein bestimmtes Alter begrenzt werden. Zuzustimmen ist Buytendijk ferner darin, dass er Merkmale des jugendlichen Wesens herausarbeitet und dadurch zu zeigen vermag, welches »Ethos« das Spiel voraussetzt. Insofern er diese Merkmale als Merkmale des jugendlichen Wesens beschreibt, vermag er darüber hinaus zu klären, inwiefern gerade im Stadium der Adoleszenz zwar am meisten, jedoch nicht ausschließlich dort gespielt wird. Dennoch ist Buytendijks Bestreitung der Behauptung, dass das Spiel dem Adoleszenten als »Vorübung der späteren Lebensbetätigungen« dient, überzogen. Wenn das Spiel eine »Bekanntschaft mit den Dingen« ermöglicht, die ebenso zu einer »kommunikative[n] Weltbewältigung« wie zu einer »Selbsterschließung des eigenen Könnens« (s. o.) führt, dann wird man doch mit unterschiedlichen Formen dieser Bekanntschaft mit den Dingen rechnen müssen, die nicht unabhängig davon sind, wer spielt und vor allem, welches Entwicklungsstadium derjenige besitzt, der spielt. Eine kommunikative Weltbewältigung und eine Erschließung des eigenen Könnens kann sehr wohl eine »Vorübung der späteren Lebensbetätigung« (s. o.) sein, muss aber keinesfalls hierauf reduziert werden.

Eine weitere entscheidende Bedeutung des Spiels hat Huizinga in den Blick genommen, insofern er die Bedeutung des Spiels für die menschliche Kultur betrachtet. Kultur – so Huizinga – hat in seinen Ursprüngen ein spielerisches Element in sich, sie entsteht in Form von Spiel. So formuliert Huizinga: »Kultur in ihren ursprünglichen Phasen wird gespielt. Sie entspringt nicht aus Spiel wie eine lebende Frucht sich aus dem Mutterleibe löst, sie entfaltet sich in Spiel und als Spiel«[154]. Der Kultur ist daher nach Huizinga in ihren ursprünglichen Phasen etwas Spielerisches eigen; sie weist Formen und Stimmungen eines Spiels auf. Dabei verändert sich aber nach Huizinga in der Entwicklung des Spiels und der Kultur das Verhältnis von Nichtspiel und Spiel. Das Spielelement tritt in den Hintergrund und geht in der sakralen Ebene auf (vgl. 122ff.). Auf der Grundlage archaischer Völker und deren Wettkämpfen entwickelten sich die Grundlagen der feudalistischen Gesellschaftsordnung. So ist die antithetische und agonistische Grundlage der Kultur im Spiel gegeben, die älter und ursprünglicher ist als alle Kultur. »Im Wachstumsprozeß einer jeden Kultur erreicht die agonale Funktion und Struktur schon in einer archaischen Periode ihre sichtbarste und meist

[153] Frederik Jakobus Johannes Buytendijk, Wesen und Sinn des Spiels. Das Spielen des Menschen und der Tiere als Erscheinungsform der Lebenstriebe, Berlin 1933, 155.
[154] Huizinga, Homo ludens, 189 (Nachweise im Text).

auch ihre schönste Form. In dem Maße, wie das Kulturmaterial komplizierter, bunter und umständlicher wird und wie die Technik des Erwerbs- und Gesellschaftslebens, des individuellen sowohl wie des kollektiven, feiner organisiert wird, wächst über den Urboden der Kultur allmählich eine Schicht von Ideen, Systemen, Begriffen, Lehren und Normen, Kenntnissen und Sitten, die ihre Berührung mit dem Spiel ganz verloren zu haben scheinen. Die Kultur wird nach und nach ernsthaft und räumt dem Spiel nur noch eine Nebenrolle ein« (123). Diese These führt Huizinga durch, indem er das Spielelement in den vornehmsten Kulturfunktionen aufzuzeigen versucht: dem Recht (vgl. 125ff.), dem Krieg (vgl. 144ff.), dem Wissen (vgl. 171ff.) sowie der Dichtung, Philosophie und Kunst (vgl. 192ff.; 236ff.; 254ff.).

Nun hat die These Huizingas, dass die Kultur in ihren Ursprüngen ein spielerisches Element in sich hat, heftigen Widerspruch erregt. So argumentiert Gustav Kafka gegen Huizinga, dass der Mensch »von Anfang an unter der Herrschaft von Bedürfnissen [steht], deren Befriedigung den vollen Einsatz seiner Kräfte und Geschicklichkeiten erfordert und ihm keine Muße zum zwecklosen Spiel läßt«[155]. Wenn Kultur zum Spiel werde, so bedeute das eine Rückentwicklung; denn dann sei »die verantwortungsvolle Pflege von Sitte und Recht, Kunst und Wissenschaft zu einer verantwortungslosen Spielerei herabgesetzt«[156]. Nun ist deutlich, dass Kafka die These Huizingas bis zur Unkenntlichkeit verzeichnet. Huizinga hat nicht daran gedacht, die menschliche Kultur als solche aus dem Spiel abzuleiten, sondern das Spielelement, das der jeweiligen Kultur eigen ist, zu bestimmen.[157] In dieser Weise urteilt auch Plessner, der mahnt, dass Huizingas These, dass Kultur in Form des Spiels entsteht, nicht in dem »platten Sinne [zu verstehen ist], daß erst gespielt wird, und nachher wird's Ernst«, sondern als »Zwei-Einheit von Erzwungenem und Spielerischem«[158]. Das soziokulturelle Verhalten des Menschen bildet eine »Doppelseite aus Daseinsnot und freier Gestaltung«[159].

Formulierten wir in Bezug auf die individuelle Weltbewältigung durch die individuelle Bekanntschaft mit den Dingen und die Erschließung des eigenen Könnens, dass diese nicht unabhängig davon ist, wer spielt und in welchem Entwicklungsstadium sich derjenige befindet, der spielt, so wird man auch in Bezug auf die Kultur formulieren können: Die jeweilige Kultur lernt im Spiel ihre Formen der Weltbewältigung, die ihr eigenen Formen des Könnens und die ihr

---

[155] Gustav Kafka, Anmerkungen zum Begriff des Spiels im Anschluß an J. Huizingas »Homo ludens«, in: Zeitschrift für Psychologie 154 (1943), 287–318, 316.

[156] A. a. O., 317.

[157] So zu Recht gegen Kafka Walter Kaegi: Das historische Werk Johan Huizingas, Schweizerische Beiträge zur Allgemeinen Geschichte 4 (1946), 5–37. Pointiert fügt Kaegi seinem Einspruch gegen Kafka hinzu: »[D]as weiß eigentlich jeder, der das Buch wirklich gelesen hat« (a. a. O., 24).

[158] Plessner, Der Mensch im Spiel, 8.

[159] A. a. O., 9.

eigene Art und Weise, Dinge zu betrachten. Diese Überlegungen werden in gewisser Weise auch durch die Überlegungen von Roger Caillois gestützt, der deutlich gezeigt hat, dass das Spiel in einer Wechselwirkung zur Kultur steht: So sind die Spiele abhängig von den Kulturen, in denen sie betrieben werden, insofern diese den Charakter des Spiels beeinflussen. Daher kann man aus den Spielen nicht nur teilweise Gewohnheiten und Vorlieben einer bestimmten Gesellschaft ablesen, sondern auch Gesellschaften durch die in ihnen betriebenen Spiele charakterisieren.[160] Spiele tragen immer auch den Charakter der jeweiligen Kultur, wie die Kultur immer auch den Charakter der jeweiligen Spiele trägt, die in ihr gespielt werden.

2.5 Sport und Spiel

Bereits zu Beginn des Kapitels wurde das bekannte Diktum von Carl Diem aus dem Jahr 1949 zitiert: »Sport ist ein geregeltes, ernstgenommenes, steigerbares, zweckfreies Spiel«[161]. In diese Richtung formuliert auch Ommo Grupe: »Spiel, Spiele und Spielen sind wichtige Themen in der Theorie des Sports und der Erziehung durch Sport. Sie dienten und dienen als Rechtfertigung des Sports, waren und sind Teil seines Selbstverständnisses und Teil seiner Praxis und wurden auch zur Erklärung und Deutung des Sports und seiner Entstehung herangezogen. Dies ist bis heute der Fall«[162]. Helmuth Plessner führt sogar die einzigartige Popularität, die der Sport heute genießt, und seine Sonderstellung in der modernen Arbeitswelt darauf zurück, dass er mit der Sphäre des Spieles, mit der Betätigungsform des Spielens »Kontakt« habe.[163]

Diese Wesensmerkmale, die wir für das Spiel herausgearbeitet haben, wird man daher auch für den Sport formulieren können, insofern der sportliche Leistungsvergleich – wie unsere Überlegungen zum Verhältnis von Sport und Leistung zutage treten ließen – ein eigenes, von der übrigen Welt durch strikte Regeln getrenntes Setting verlangt.[164] Vornehmlich die Zweckfreiheit des Sportes

[160] So unternimmt Roger Caillois den Versuch, die innersten Prinzipien einer Gesellschaft zu definieren aufgrund der in ihr verbreiteten Spiele (vgl. hierzu ders., Die Spiele und der Mensch, 91ff.).

[161] Diem, Wesen und Lehre des Sports und der Leibeserziehung, 14.

[162] Ommo Grupe, Art. Spiel/Spiele/Spielen, in: Lexikon der Ethik im Sport, 466–469, 466.

[163] Helmuth Plessner, Die Funktion des Sports in der industriellen Gesellschaft, in: Wissenschaft und Weltbild 9 (1956), 263–276, 269.

[164] Das strenge Regelwerk des Sportes dient dazu, einen Bereich exakt abzugrenzen und ihn vor Übergriffen aus dem Alltag zu wahren: Wenn daher Wolfgang Huber die strenge Regelhaftigkeit des Sports im Interesse der Kreativität des Sports kritisiert, übersieht er, dass gerade durch diese Regelhaftigkeit der Sport am Leben erhalten wird (ders., Sport als Kult – Sport als Kultur?, in: Arbeitskreis Kirche und Sport der Evangelischen Kirche in Deutschland (Hrsg.). Die älterwerdende Generation in unserer Gesellschaft. Ein Auftrag

verdeutlicht seine Zugehörigkeit zum Bereich des Spiels. Die sportliche Handlung macht nur innerhalb des sportlichen Settings einen Sinn, sie erbringt nichts, was über das sportliche Geschehen hinausreicht. Erinnert sei an das bereits namhaft gemachte Diktum von Hegel über die Spiele der Griechen: »Betrachten wir nun zuerst die innere Natur dieser Spiele, so ist zuvörderst das Spiel dem Ernste, der Abhängigkeit und Noth entgegengesetzt. Mit solchem Ringen, Laufen, Kämpfen war es kein Ernst; es lag darin keine Noth des sich Wehrens, kein Bedürfniß des Kampfes«[165]. Im Sport werden keine elementaren Bedürfnisse befriedigt, die über das Sportgeschehen hinausgehen. Das Werfen eines Speers dient nicht dem Erlegen eines Tieres, der Boxkampf will keine territorialen Ansprüche sichern. Sieg und Niederlage bleiben vielmehr auf das Sportgeschehen begrenzt. Die Strecke, die der Läufer hinter sich legt, hat aus alltagsweltlicher Sicht keinen Sinn, da sie zu keinem Ankommen an einem bestimmten Ort dient. Dies wird gerade bei dem 400-Meter-Lauf deutlich, weil nämlich der Läufer da ankommt, wo er losgelaufen ist. Würden wir nicht wissen, dass es sich um ein spielerisches Geschehen handelt, käme es uns absurd vor. Man stelle sich vor, man würde sehen, wie jemand im Kreisverkehr mehrfach einfach den Kreisel abfährt. Wir würden vermuten, dass er entweder nicht weiß, in welche Straße er abbiegen muss oder dass er aus fahrtechnischen Gründen nicht in der Lage ist, den Verkehrskreisel ordnungsgemäß zu verlassen oder eben, dass er betrunken ist und groben Unfug anstellt. So würden wir das mehrmalige Abfahren eines Kreisverkehrs als »groben Unfug« ansehen, nicht hingegen das über zwölfmalige Umrunden der Aschenbahn im 5000-Meter-Lauf, obwohl dies Unternehmen den Läufer nach 5000 Metern an einem Punkt ankommen lässt, der nur 200 Meter von seinem Ausgangspunkt entfernt ist. Und daher gilt für die sportliche Handlung wie bei jeder spielerischen Handlung, dass sie um ihrer selbst willen begehrt wird, weil wir im Geschehen der Sportsphäre sein wollen. In Anspielung an die bereits namhaft gemachten Formulierungen von Hans Scheuerl können wir sagen: Soll der Sport gelingen, muss sich der Sportler dem Sportgeschehen widmen, als gäbe es nichts außer diesem Geschehen in der Welt, der Sport verlangt eine selbst- und weltvergessene Hingabe, in der der Mensch an den Belangen der Wirklichkeit uninteressiert ist. Auch der Sportler ist ganz von dem Geschehen gefangen und lebt in der Wirklichkeit, die das sportliche Setting beschreibt, all seine Aufmerksamkeit ist auf das Sportgeschehen gerichtet. Der Boxer ist konzentriert auf seinen Gegner, er ist ganz in der Gegenwart des Kampfes, seine Intentionen sind nur auf das Kampfgeschehen gerichtet. Ist dies nicht der Fall, wird er schmerzhaft in die Gegenwart des Kampfes zurückgeholt. Wir sind in das Sportspiel in einer Weise vertieft, die aus

---

für die Kirche und den Sport, Hannover o. J., 46–54, 52f.) und vor Übergriffen aus dem Alltag geschützt wird.

[165] Georg Wilhelm Friedrich Hegel, Sämtliche Werke. Jubiläumsausgabe Bd. 11, Stuttgart 1928, 318.

alltagsweltlicher Sicht ganz und gar nicht verständlich ist. Wie ist es möglich, dass jemand beim Tennis-Spiel mit einem Freund die letzten Kraftreserven mobilisiert, um einen dicht hinter das Netz gespielten Ball noch zu erreichen? Was hat er davon?

Im Blick auf diese Überlegungen überraschen die Versuche, die Sport-Spiel-Relation zu bestreiten. So wird gefragt, ob der Sport nicht eher das Bild der Arbeit aufweist als das des Spiels. In diese Richtung formuliert der spanische Philosoph José Ortega y Gasset: »Sport ist kein Spaß, sondern im Gegenteil Anstrengung. Deswegen ist er der Bruder der Arbeit«[166]. Diese Behauptung von y Gasset ist jedoch alles andere als überzeugend: Die Anstrengung des Sportgeschehens steht keineswegs im Widerspruch zu seinem »Spaß-Charakter«, vielmehr erleben wir das Phänomen, dass »Anstrengung« »Spaß« bereiten kann. Die Überlegungen zum flow-Erleben haben gezeigt, dass »Spaß« eine gewisse Anstrengung geradezu voraussetzt. Aber auch andere Elemente des Sports, wie »[f]estgelegte Spielregeln, Wettkampfbestimmungen, Wesensgrundsätze, Vervollkommnung der Bewegungsform und der Leistung«[167], »der Wille zur gesteigerten Leistung«[168] oder die Begrenzung nach Umfang und Dauer[169], die häufig als Kennzeichen des Sports gerade in Abgrenzung zum Spiel angegeben werden, überzeugen nicht. Sie überzeugen deshalb nicht, weil sie ein falsches Verständnis vom Wesen des Spiels offenbaren. Das Festlegen von Spielregeln ist – wie wir gesehen haben – ebenso konstitutiv für das Spiel wie die Begrenzung nach Dauer und Umfang. Es zeigte sich, dass gerade aufgrund dieser Merkmale das Spiel einen fest abgegrenzten Raum zu konstituieren und von der Alltagswelt abzugrenzen vermag. Und ebenso ist auch der »Wille zur gesteigerten Leistung« bzw. die »Vervollkommnung der Bewegungsform und der Leistung« kein Spezifikum des Sport-Spiels, sondern des Spiels überhaupt. Es wäre absurd zu behaupten, dass der Schachspieler nicht sein Spiel zu vervollkommnen intendiert, ebenso wie der Spieler eines Memory-Spiels. Die Freude am Spiel würde verloren gehen, wenn wir unsere Leistungen nicht zu steigern in der Lage wären. Es würde uns dann nicht gelingen, in dem Spielgeschehen »aufzugehen«. Wenn wir gegen einen starken Gegner spielen, verlangt dies unsere ganze Konzentration und Leistung, gegen einen uns weit unterlegenen hingegen lässt die Konzentration nach. Wir hören auf, in das Spiel vertieft zu sein. Ebenso lässt das Gerichtetsein auf das sportliche Geschehen nach, wenn wir bestimmte Handlungen einfach nur abspulen. Reizvoll ist es, neue Varianten auszuprobieren, seine Taktik zu verfeinern.

---

[166] Vortrag von José Ortega y Gasset auf dem DSB Bundestag 1954, zit. nach Karlheinz Gieseler et al. (Hrsg.), Der Sport in der Bundesrepublik Deutschland. Ämter und Organisationen der Bundesrepublik, Bonn 1972, 29.

[167] Hugo Wagner, Pädagogik und Methodik der Leibeserziehung Bd. 1, Paderborn 1954, 36.

[168] Karl Wolf, Wetteifer und Sport, in: Pädagogische Welt 17 (1963), 170–178, 173.

[169] Buytendijk, Wesen und Sinn des Spiels, 147.

Daher begleiten uns gerade solche Spiele, die aufgrund ihrer Diffizilität eine Leistungssteigerung erlauben (wie etwa das Schachspiel und das Skat-Spiel), durch ganz verschiedene Lebensphasen.[170] Wir müssen Volker Gerhardt zustimmen, wenn er im Blick auf das Verhältnis von Sport und Spiel formuliert: »Bei allem *Ernst*, mit dem wir uns dem Sport hingeben können und den er im Training und im Wettkampf auch gewiß verlangt, ist doch der Sport als *Sport* ein von Not und elementarem Bedürfnisdruck befreiter Luxus. Ein Überschuß von Kräften wird spielerisch ausgelebt. Als *Spiel* ist der Sport eine *sich selbst genügende Tätigkeit*, in der es nicht um Existenzerhaltung, sondern um die Freude an der unmittelbaren Auslassung der eigenen Kräfte geht«[171]. Wir können daher festhalten, dass die Merkmale, die das Spiel kennzeichnen und sein Wesen ausmachen, im Sport mit besonderer Exaktheit zutage treten.

Kehren wir zurück zu unserer eingangs gestellten Frage: Ist der Sport von seinem Wesen her ein »geregeltes, ernstgenommenes, steigerbares, zweckfreies Spiel« (s. o.), dann fragt sich, ob in dem modernen Sportbetrieb der Sport von seinem eigentlichen Wesen entfremdet wurde, sodass das Spiel nur nach »Fassade des Sports« (s. o.) sei. Bei dieser Frage wird nicht bestritten, dass das Spiel das eigentliche Wesen des Sports ist, sondern dass der moderne Sportbetrieb den Sport von seinem eigentlichen Wesen entfremdet hat. In dieser Weise äußerte sich vor über 25 Jahren bereits Hans Lenk in der Frankfurter Rundschau am 01.03.1996 im Vorfeld der Olympischen Spiele in Atlanta: »Es ist mit der Olympiade wie mit dem Christentum: wenn eine große Idee in die Hände von machtlüsternen Funktionären gerät, verkommt sie, wird verfremdet, zerwaltet und unerbittlich vermarktet«. Nun erfreut sich die Kritik an der Vermarktung des Sports, die Lenk äußert, sicherlich allgemeiner Zustimmungsfähigkeit. So formuliert Elk Franke: »Der moderne Sportbetrieb ist ein Thema, um das sich trefflich streiten läßt und an dem man sich ohne Mühe als Kritikus beweisen kann. Die Argumente liegen gleichsam auf der Straße des populären Verständnisses. Das marktorientierte Fernsehen, die absatzhungrige Wirtschaft, die eitlen Funktionäre, die geldgierigen Athleten geben die Farben für jenes Bild des Sports ab, das

[170] Von daher läuft der Versuch von Michael Kuchler ins Leere zu zeigen, dass es Sport auch ohne festes Regelwerk, ohne den Versuch nach Leistungssteigerung und ohne festgelegte Grenzen von Raum und Zeit gibt. Kuchler formuliert: »Wieviel Tischtennis wird gespielt, nur so, hin und her, ohne zu zählen! Wieviel wird von leistungsgerichteten Skisportlern Slalom gefahren, nur so, immer wieder, ohne Zeitmessung, gegen keine Gegner, auch ohne konkretes Trainingsziel! Wie oft wird auf der Straße und auf dem Sportplatz der Fußball hin und hergeschoben, nur so, aus Lust, aus ›Zeitvertreib‹!« (ders., Sportethos. Eine moraltheologische Untersuchung des im Lebensbereich Sport lebendigen Ethos als Beitrag zu einer Phänomenologie der Ethosformen (Wissenschaftliche Schriftreihe des Deutschen Sportbundes Bd. 7), München 1969, 139).

[171] Volker Gerhardt, Die Moral des Sports, in: Zeitschrift für Sportwissenschaft 21 (1991), 125-145, 131.

immer dann schnell gemalt wird, wenn es wichtig und richtig erscheint, den Zeigefinger zu erheben oder enttäuschte Hoffnungen zu rechtfertigen«[172].

Im Zentrum der Kritik an der Vermarktung im Sport steht der Profisport. Gerade die Professionalisierung des Sports scheint für problematische Tendenzen innerhalb des Sports verantwortlich zu sein – wie die Ideologisierung des Sports, die Ökonomisierung des Sports oder die Kriminalisierung des Sports durch Manipulation, wie Doping, »Schiebung« etc. Der Sport, der als Profisport betrieben wird, droht den Unterschied zwischen dem abgegrenzten Bereich des Sports und dem Alltag zu zerstören. Wenn der Profisport der ökonomischen Existenzsicherung des Athleten dient, drängt sich dann nicht unweigerlich die Frage auf, ob der Sport unter diesen Bedingungen nicht in die Mittel-Zweck-Relation des Daseins eingespannt ist, sodass der Sport zur »Arbeit« zu werden droht.[173] Wie kann man behaupten, dass der Profisport sein Ziel in sich selbst findet, wenn er als Erwerbsarbeit der materiellen Zielsetzung dient?

Der populären Behauptung, dass das Spiel nur noch eine Fassade des modernen Sports ist, widerspricht Elk Franke. Franke versucht zu zeigen, »daß der Verweis auf das Spiel auch im ›modernen Sport‹ nicht nur eine ideologieträchtige ›Fassadenfunktion‹ traditionellen Hoffnungsdenkens darstellt, sondern von fundamentaler konstitutiver Bedeutung ist für das, was wir Sport nennen«[174]. Es ist daher lohnend, sich den Überlegungen Frankes etwas genauer zuzuwenden. Anders als Carl Diem und Ommo Grupe will Franke die zentralen Merkmale des Spiels, wie Zwecklosigkeit, Nutzlosigkeit, Nicht-Notwendigkeit und Nicht-Ernsthaftigkeit, nicht von den *Motivstrukturen* des jeweils handelnden Menschen her bestimmen; denn dadurch werde von dem sportlichen Akteur eine relativ ungewöhnliche Einstellung verlangt: »Er muß einerseits den Sieg wollen und andererseits tolerant zu seinem Gegner sein« (8). Franke will demgegenüber in einer funktional-analytischen Sicht nach der »Grammatik der Sprache, die das Spiel darstellt«, fragen. So gibt es nach Franke »zwar vielfältige Interpretationen darüber, was das Spiel alles bedeuten und bewirken kann, aber nur wenig analytisch-strukturelle Theorieversuche, die, linguistisch ausgedrückt, nicht nur die Semantik und Pragmatik des Spiels (also seine Sinn- und Bedeutungsebene), sondern auch seine Syntax, seine tieferliegende (grammatische) Struktur be-

---

[172] Elk Franke, Das Spiel. Fassade oder Fundament des Sports 1997, 1–20, URL: https://www2.hu-berlin.de/sportphilosophie/SP/wp-content/uploads/2014/09/das_spiel_fundament_oder_.pdf (Stand: 25.07.2021).

[173] In diese Richtung gehen auch die Anfragen von Frank Martin Brunn, wenn er darauf verweist, dass es »Formen der Sportausübung [gibt], die den Sport vollständig einem anderen Zweck unterordnen« (ders., Sportethik, 158f.). Dies ist nach Brunn nicht nur im Profisport und Schulsport der Fall, sondern auch im Gesundheitssport, Militärsport und Polizeisport. »Gesundheitssport, Militärsport, Polizeisport, Schulsport und Profisport sind Sonderfälle des Spielens. Sie haben mit dem Spiel noch die äußere Gestalt gemein, aber nicht mehr die Intention« (a. a. O., 159).

[174] Franke, Das Spiel, 3 (Nachweise im Text).

trifft« (12). Deutet man nun nach Franke »das Spiel« vor dem Hintergrund solcher formal-strukturalistischen Rezeptionsästhetiken, trete eine strukturelle Verwandtschaftsbeziehung zur Kunst zutage. Franke macht drei solcher Verwandtschaftsbeziehungen namhaft: »1. Die räumliche oder zeitliche Ausgrenzung aus dem Alltagskontext im Sinne einer ›Welt in der Welt‹, einer Sonderwelt, die der Kunst, dem Spiel und dem Wettkampf zugestanden werden« [...] 2. Die Organisation von Aktionen nach spezifischen Handlungsvorgaben im Sinne ›sonderweltlicher Handlungsregeln‹. [...] 3. Ein Œuvre, das auf sich selbst verweist im Sinne einer ›Zweckmäßigkeit ohne Zweck‹« (15).

Entscheidend ist nun, dass Franke innerhalb der formal-strukturalistischen Rezeptionsperspektive die Unterscheidung zwischen Konstitutionsperspektive und Verwertungsperspektive vornimmt. Auf der Konstitutionsperspektive hat die sportliche Handlung keinen Sinn, sie verweist ausschließlich auf sich selbst. Hiervon ist nach Franke die Verwertungsperspektive zu unterscheiden, wie beispielsweise die ökonomische Verwertung des Sports, die das sportliche Geschehen einem weiteren, externen Zweck unterstelle. Dies sei unproblematisch, solange der Verwertungsprozess nicht den Konstitutionsprozess bestimmt. »Entsprechend muß man deutlich unterscheiden, wann und wofür z. B. in einem Fußballspiel Geld gezahlt wird. Unerheblich ist zunächst, ob eine Mannschaft für einen Sieg 10.000 oder 100.000 DM erhält, entscheidend ist dagegen, ob dieses Geld, bezogen auf das offene Nullsummenspiel, *nach* dem Spiel dem Sieger gezahlt wird, oder ob das Geld *in* den Ablauf des 90-minütlichen Handlungsgeschehens hineinwirkt« (16). Insofern Franke die Strukturmerkmale des Sports nicht aus der inhaltlich-motivationalen Sicht des Akteurs, sondern aus einer funktional-analytischen Sicht beurteilt, beansprucht er, eine andere Perspektive auf die Relationsfrage von Spiel und modernem Sport werfen zu können. »Der moderne Sportbetrieb ist solange eine Welt in der Welt, eine Sonderwelt und damit strukturverwandt der Kunst und dem Spiel, solange er glaubhaft machen kann, daß das Ziel des Wettbewerbs immanenten, eigenen Raum-Zeit-Bedingungen folgt« (18). In diesem Sinne, so Franke, sind die spielerischen Elemente »nicht ideologische Fassade, sondern die notwendige und hinreichende Bedingung, das strukturelle Fundament des Sportbetriebs« (18).

Frankes Unterscheidung zwischen einer Konstitutionsperspektive und einer Verwertungsperspektive scheint durchaus sinnvoll: Solange die Bedingungen der Konstitutionsperspektive nicht durch den Verwertungszweck außer Kraft gesetzt werden, bleibt der Konstitutionsprozess von dem Verwertungsprozess unberührt. So kann Franke auch den Unterschied zwischen einem Boxkampf und einer Catchveranstaltung deutlich machen: »Ein sportlicher Wettkampf behält – trotz der vielfältigen Kommerzialisierungstendenzen – seine Spiel-Sport-Bedeutung immer so lange, wie das Geld nicht die immanenten Spielregeln verletzt – in Absetzung zur kommerziellen Show, wo das Geld den direkt dargestellten Handlungsablauf tangiert, das offene Nullsummenspiel zur Farce werden lässt. Bei einer Catchveranstaltung wollen die Zuschauer ihren Spaß. Sie muß über einen gewissen Zeitraum angeboten werden, damit sich das Eintrittsgeld auch auszahlt. Ein Boxkampf ist so lange ein eigenständiger Wettbewerb im Sinne der Spiel-Sport-Konstruktionsperspektive, solange er grundsätzlich auch schon in der ersten Runde bei einem eindeutigen Sieg beendet werden kann« (16f.).

Im Blick auf die Frage nach dem Profisport und seiner angeblichen Unverträglichkeit mit dem selbstzweckhaften Element des Sports formuliert Udo Sopp, ehemals Präsident des 1. FC Kaiserslautern: »Daß der Höchstleistungssport eine harte körperliche Arbeit ist, wird niemand ernstlich bestreiten wollen. Es geht im wahrsten Sinne des Wortes hart her, sowohl bei der intensiven wöchentlichen Vorbereitung (Training) als auch ganz besonders im Spiel am Samstag. Aber: Ich kenne keinen Profi, der keinen Spaß hätte bei seinem Geschäft und der nicht leidenschaftlicher Fußballer wäre. Und deswegen haben sie gar keinen Spaß, wenn sie auf der nicht minder gut bezahlten Auswechselbank sitzen müssen. Beim Profi treffen Pflicht und Neigung, Beruf und Hobby in fast idealer Weise zusammen«[175]. Was bedeutet diese Aussage? Ich erinnere noch einmal an unsere Unterscheidung zwischen den Gründen, die zu einem Spiel treiben, und der spielerischen Intention: Wir sahen, dass die spielerische Intention ganz auf das spielerische Geschehen gerichtet ist. Die spielerische Intention ist zu unterscheiden von den Gründen, die uns zum Spiel führen. Ich habe argumentiert, dass es nicht zu bestreiten ist, dass Menschen zu einem Spiel aus einem anderen Grund als dem, im Spielgeschehen zu verweilen, geführt werden, dass man aber, wenn man im Vollsinn des Wortes spielt, tatsächlich spielt und dabei diese (ursprünglichen) Gründe, sich auf das Spiel einzulassen, in den Hintergrund treten. Man fällt in das Spiel, das Spiel übernimmt das Steuer. Man spielt nur, wenn man im Spiel ausschließlich auf das Spielgeschehen gerichtet ist. Oder wir sind nicht frei davon, dann spielen wir aber nicht, weil wir uns nicht wirklich auf das Spielgeschehen einlassen. Von daher wird man sagen können, dass erstens die externen außerhalb des Spielgeschehens liegenden Gründe keineswegs Kennzeichen nur des Profisportes sind, sie kennzeichnen auch den Amateursport, ja fast jedes Spiel. Zum anderen aber kann man festhalten, dass diese externen Gründe noch kein Hindernis dafür sind, dass der Profisportler wie der Amateursportler oder jeder Spieler tatsächlich spielt, d. h. im spielerischen Sportgeschehen von dem Geschehen eingeholt wird, sich innerhalb dieses Geschehens ganz auf das Spiel einlässt und daher die externen Gründe vernachlässigt.[176] So wird man festhalten dürfen, dass Profisportler in ihrer Profession überhaupt nur erfolgreich sein können, wenn sie ihren Beruf mit Freude und Spaß ausüben, das

---

[175] Udo Sopp, Pfarrer, Profis und Profite, in: Christian Möller/Hans-Georg Ulrichs (Hrsg.), Fußball und Kirche – wunderliche Wechselwirkungen, Göttingen 1997, 19–24, 21.

[176] Daher spricht selbst Kuchler, der der Sport-Spiel-Relation im Blick auf den Profisport eher skeptisch gegenübersteht, davon, dass selbst im Profisport »ein – wollte man den Sport kategorisch vom Spiel getrennt wissen – ›Umschlagen‹ ins Spiel immer wieder möglich« (ders., Sportethos, 140, Anm. 37) ist.

aber heißt: »wenn sie, wo sie spielen, tatsächlich spielen, wenn es ihnen gelingt, ihr Spiel nicht zu instrumentalisieren, wenn es ihnen gelingt, im Spielen primär die internen Zwecke des Spiels oder des Sports zu verfolgen«[177]. Damit ist jedoch nicht mehr gesagt, als dass auch der Profisportler tatsächlich ein Spiel zu erleben vermag. Die durch den Profisport gegebenen Auflösungserscheinungen des Sports sollen nicht ausgeblendet oder gar in Abrede gestellt werden. Deutlich ist dadurch auch, dass gerade aufgrund der Verbindung von Sport und Spiel der Amateurstatus die eigentliche Form des Sports ist.[178] Der Profisport ist insofern noch als Sport zu bezeichnen, als er Anteil hat an den entscheidenden Merkmalen des Spiels: seiner Selbstzweckhaftigkeit, des Genusses und der Gegenwart, kurz: wenn es dem Sportler gelingt, spielerisch die dem Spiel internen Zwecke zu verfolgen.

2.6 Der Sport als spielerischer Leistungsvergleich

Kehren wir zu der Kritik am sportlichen Leistungsvergleich zurück. Es zeigte sich bereits, dass eine solche Kritik zu übersehen droht, dass der sportliche Leistungsvergleich erstens in einem künstlichen – vom Alltag streng abgegrenzten – Setting stattfindet und zweitens, dass sich der sportliche Leistungsvergleich als fair, ehrlich und offen gestaltet und sich gerade hierin vom alltäglichen Leistungsvergleich unterscheidet. Dies wird gerade dann deutlich, wenn man die Überlegungen dieses Kapitels hinzuzieht und bedenkt, dass der sportliche Leistungsvergleich in Form eines Spiels stattfindet, sodass die »Künstlichkeit der Aufgaben«[179] in den Blick kommt. Die sportliche Leistung ist konstruiert, d. h. die Herausforderungen und Hindernisse, die es im Sport zu bewältigen gilt, formulieren und erfinden die Beteiligten selbst. So auch die Sportdefinition von Volkamer: »Sport besteht in der Schaffung von willkürlichen Hindernissen, Problemen und Konflikten, die vorwiegend mit körperlichen Mitteln gelöst werden, wobei die Beteiligten sich darüber verständigen, welche Lösungswege erlaubt oder nicht erlaubt sein sollen. Die Handlung führt in ihrem Ergebnis nicht unmittelbar zu materiellen Veränderungen«[180]. Sport ist »Schein-Realität«. Die Kontrahenten verabreden sich – freiwillig – zum Konflikt, für den kein realer Grund existiert. So entsteht eine »Als-Ob-Situation«[181], bzw. »Als-Ob-Handlungen«[182]. Im

---

[177] Seel, Versuch über die Form des Glücks, 161, Anm. 101.

[178] Diem, Wesen und Lehre des Sports, 10, sieht sogar aufgrund der Verbindung von Sport und Spiel im Amateurstatus eine zwingende Bedingung für den Sport überhaupt.

[179] Hans Lenk, Die achte Kunst – Leistungssport – Breitensport, Osnabrück 1985, 11.

[180] Meinhart Volkamer, Zur Definition des Begriffs »Sport«, in: Sportwissenschaft 14 (1984), 195–203, 196.

[181] Haag, Sportphilosophie, 68.

[182] Grupe, Bewegung, Spiel und Leistung, 44.

Sport findet ein Konkurrenzkampf statt, aber: es ist nicht der Konkurrenzkampf des Alltags, vielmehr ist durch das sportliche Setting eine eigene – vom Alltag abgegrenzte – Welt geschaffen, die auf diese Welt begrenzt bleibt, in der es letztlich um nichts geht. Sven Güldenpfennig spricht treffend »von frei erfundenen Geschichten des Sports«. Sie handeln davon, dass »zwei sich streiten [...] ohne einen realen Grund, also außerhalb von durch ›sowieso‹ schon vorliegende äußere Umstände vorgegebenen Beweggründen, deren Zweck zu erfüllen wäre«. Die Geschichten des Sports handeln somit von einem »mutwillig von beiden Seiten freiwillig ›vom Zaun gebrochene[n]‹, verabredete[n] Konflikt um ein künstliches Streitobjekt, das erst durch die Verabredung entsteht«[183]. Es geht beim Sporttreiben um »das Heraustreten der Sporttreibenden aus den Notwendigkeiten der realen Realität und ihr Eintreten in eine fiktive (Spiel-)Realität«[184]. Gerade diese fiktive Spielrealität erlaubt einen anderen Umgang mit Sieg und Niederlage. Daher betont Christian Graf von Krockow zu Recht, dass »der Kampf in der Arena, so sehr er mit höchstem Einsatz ausgetragen werden mag, zugleich doch als spezifisch ›neutralisiert‹ und folgenlos erscheint, daß der Sieger nicht zum real Herrschenden und der Unterlegene nicht zum Knecht wird: das ist die Voraussetzung jedes sportlichen Leistungsvergleichs«[185]. Nach Lenk können die Sportler gerade aus dem Grund ihre Leistungen mit hoher Leidenschaft erbringen, weil es im Sport gerade nicht um den Ernstfall geht, sondern »der Konflikt letztlich auf eine harmlose Ebene«[186] übertragen werde.

---

[183] Güldenpfennig, Philosophie der sportlichen Leistung, in: Haag (Hrsg.), Sportphilosophie, 173–208, 177.

[184] A. a. O., 195.

[185] Christian Graf von Krockow, Sport. Eine Soziologie und Philosophie des Leistungsprinzips, Hamburg 1974, 104.

[186] Lenk, Die achte Kunst, 20.

3 Sport und Leib

Die Verbindung von Sport und Körper ist offensichtlich. Nun kann man die Bedeutung des Sports für das menschliche Leben dann nicht in seiner Tiefe erfassen, wenn man den Körper als bloßes Instrument eines denkenden Ichs versteht.[187] Der Sport wird dann zu etwas ganz Sekundärem und Oberflächlichem, das die Tiefe des Menschseins, das denkende Ich, gar nicht erfasst, ihm immer nur äußerlich bleibt. Im Folgenden gilt es daher zu erkunden, was es überhaupt bedeutet, dass wir leibhaft existieren, d. h., dass der Leib Daseinsmedium eines Ichs ist. Von hier aus kann dann auch die körperliche Dimension des Sports angemessen erfasst werden.[188]

3.1 Die Geringschätzung des Körperlichen

Für die Neuzeit hat die klassische Theorie des Menschen ihre wirksamste Form in der Lehre von René Descartes gefunden. Durch ihn wurde in der Neuzeit die – bis in die Antike zurückgehende – Vorstellung von der Doppelnatur des Menschen durch den behaupteten Dualismus von denkender Substanz (*res cogitans*) und ausgedehnter Substanz (*res extensa*) kanonisiert.[189] So setzte sich die Auffas-

---

[187] Vgl. hierzu: Michael Roth, Das Leibsein des Menschen als Schicksal und Aufgabe. Religionsphilosophische Erkundungen, in: Michael Roth/Jochen Schmidt (Hrsg.), Gesundheit – humanwissenschaftliche, historische und theologische Aspekte (Theologie – Kultur – Hermeneutik 10), Leipzig 2008, 99–125.

[188] So auch formuliert Stephan Goertz, dass sich am Sport die »Kompetenz des Körpers [zeigt], der nicht auf die Funktion eines bloßen Vollzugsorgans dessen reduziert werden kann, was der Intellekt zuvor an Plänen geschmiedet hat. Es wird also ernst gemacht mit der immer wieder betonten Verabschiedung eines anthropologischen Dualismus zwischen Körper und Geist« (ders., Sport als Zeichen der Zeit – Beobachtungen und Herausforderungen, in: Dietmar Mieth/Norbert Müller/Christoph Hübenthal (Hrsg.), Sport und Christentum. Eine anthropologische, theologische und pastorale Herausforderung, Ostfildern 2008, 152–170, 164f.).

[189] Vgl. bes. René Descartes, Meditatio II, sect. 5–8; Meditatio VI, sect. 9–15.

sung allgemein durch, der Mensch bestehe aus zwei getrennten Substanzen, dem Körper (als dem ausgedehnten Ding) und der Seele (als dem denkenden Ding). Das denkende Ich als das Eigentliche wurde so unterschieden von dem Körper als einem bloßen Instrument, das von dem denkenden Ich beherrscht und gelenkt wird. Der Körper wird zur bloßen Hülle des denkenden Ichs und insofern er bloße Hülle ist, ist er auch nicht wesentlich für das Verstehen des menschlichen Daseins.

In dieser Weise hat auch Immanuel Kant den Menschen als Bürger zweier Welten, der Natur und der moralischen Welt, begriffen. Als Leib gehört der Mensch der Natur und ihrer Gesetzlichkeit an, seine Handlungen werden von »sensiblen« Ursachen, also von einem Sein, als kausal bestimmt betrachtet, als Vernunftwesen hingegen gehört der Mensch dem Bereich der Freiheit an: Seine Handlungen werden von »intelligiblen« Ursachen, also einem Sollen, als intentional bestimmt betrachtet.[190] Insofern der zweite Fall nicht in der Erfahrung gegeben ist, ist es allein die transzendentale Idee der Freiheit, die es erlaubt, dem Menschen Handlungen als vernunftbestimmt zuzuschreiben.[191] Kants Lehre vom Menschen geht es um eine Praxis des Menschen mit sich selbst, eine Praxis, durch die sich der Mensch bildet (»Anthropologie in *pragmatischer* Hinsicht«). Die eigentliche Frage ist nicht, was der Mensch von Natur aus *ist*, was man empirisch am Menschen erforschen kann, sondern was der Mensch aus sich *machen kann*. Der Mensch wird sich selbst zum Projekt, er nimmt sich nicht mehr hin, wie er sich vorfindet, sondern er sucht das Eigentliche in dem, was er werden kann. Indem die Vernünftigkeit des Menschen zu einem Ziel wird, auf das der Mensch sich zubewegen muss, wird die Natur des Menschen zu etwas, von dem er sich wegbewegen muss, um eigentlich Mensch zu werden. Das Projekt des Menschen ist daher die Überwindung seiner Natur und seiner Leiblichkeit. Durch die bei Descartes und Kant anzutreffende Vorstellung von der Doppelnatur des Menschen wird der Mensch aus der übrigen Natur herausgerissen, sodass es nicht mehr möglich ist, den Menschen im Zusammenhang mit der Natur, als Teil der Natur zu verstehen. Der Mensch steht der Natur gegenüber. Das aber heißt auch: Es ist nicht möglich, den Menschen von seiner Natur her zu verstehen. Der Zusammenhang zwischen dem Menschen als Naturding und als geistig-sittlichem Wesen gerät aus dem Blick, insofern beide gegeneinander ausgespielt werden. Die Frage, was es für das menschliche Dasein (und auch seine Potentialität) bedeutet, dass der Mensch leiblich existiert, wird nicht zum Thema.

Der Versuch einer Überwindung dieses cartesischen Dualismus ist daher zu einer allgemeinen Aufgabe der Anthropologie geworden. Zur Frage scheint lediglich zu stehen, wie dieser Dualismus überwunden werden kann, und damit auch, *ob* er sich so ohne Weiteres überwinden lässt. Dies verdeutlicht Max Schelers Versuch, die Sonderstellung des Menschen zu beschreiben. In seiner Initial-

[190] Vgl. Immanuel Kant, Kritik der reinen Vernunft, A 546 ff.

[191] Vgl. a. a. O., 553 f.

schrift zur so genannten ›Philosophischen Anthropologie‹ hat auch Scheler den cartesischen Dualismus der Kritik unterzogen, der den Menschen aus der übrigen Natur herausreißt und es so verhindert, den Menschen im Zusammenhang mit der Natur zu verstehen. So formuliert Scheler programmatisch: »Dadurch, daß er [Descartes] alle Substanzen in ›denkende‹ oder ›ausgedehnte‹ einteilte und lehrte, daß der Mensch allein von allen Wesen aus diesen beiden in Wechselwirkung stehenden Substanzen bestehe, hat Descartes in das abendländische Bewußtsein ein ganzes Heer von Irrtümern schwerster Art über die menschliche Natur eingeführt. [...] Nicht nur die widersinnigste Übersteigerung der ›Sonderstellung‹ des Menschen, seine Herausreißung aus den Mutterarmen der Natur war die Folge – auch die Grundkategorie des Lebens und seiner Urphänomene wurde dadurch mit einem Federstrich einfach aus der Welt herausgeworfen«[192]. Scheler beansprucht – wie auch Helmuth Plessner und Arnold Gehlen – die Strukturfragen der menschlichen Natur zu erörtern, indem er den Menschen von seiner Stellung in der Natur her zu begreifen sucht. »Die Sonderstellung des Menschen kann uns erst deutlich werden, wenn wir den gesamten Aufbau der biopsychischen Welt in Augenschein nehmen«. Dabei geht Scheler von einer »*Stufenfolge der psychischen Kräfte*« (11) aus, in denen sich das Leben, angefangen von der Pflanze bis zu höheren Formen der Intelligenz, entfaltet.

Entscheidend für unseren Zusammenhang ist, dass Scheler den Geist als dasjenige Prinzip, das den Menschen zum Menschen macht, nicht als eine neue Stufe des Lebens begreift. Der Geist ist »ein allem und *jedem Leben überhaupt, auch dem Leben im Menschen entgegengesetztes Prinzip*: eine echte neue Wesenstatsache, die als solche überhaupt nicht auf die ›natürliche Lebensevolution‹ zurückgeführt werden kann« (37f.). Wenn Scheler daher das Spezifikum des Menschen darin erblickt, dass er als geistiges Wesen vermag, »die auch ihm ursprünglich gegebenen ›Widerstands‹- und Reaktionszentren seiner Umwelt, die das Tier allein hat und in die es ekstatisch aufgeht, zu ›*Gegenständen*‹ zu erheben und das *Sosein* dieser Gegenstände prinzipiell *selbst* zu erfassen« (38f.), dann wird diese Weltoffenheit des Menschen nicht mit seiner leib-körperlichen Dimension vermittelt, sondern als ihr geradezu entgegengesetztes Prinzip begriffen. »Der Mensch ist das Lebewesen, das kraft seines Geistes sich zu seinem Leben, das heftig es durchschauert, prinzipiell *asketisch* – die eigenen Triebimpulse unterdrückend und verdrängend, d. h. ihnen Nahrung durch Wahrnehmungsbilder und Vorstellungen *versagend* – verhalten kann. Mit dem Tiere verglichen, das immer ›Ja‹ zum Wirklichsein sagt – auch da noch, wo es verabscheut und flieht –, ist *der Mensch der ›Neinsagenkönner‹*, der ›*Asket des Lebens*‹, der ewige Protestant gegen alle bloße Wirklichkeit« (55). Gerade Schelers Versuch, den Menschen im Zusammenhang mit der Natur zu sehen, wie auch sein Einwand gegen den cartesischen Dualismus ist lehrreich, weil auch

---

[192] Max Scheler, Die Stellung des Menschen im Kosmos, Bonn [12]1991, bes. 71f (Nachweise im Text).

Scheler letztlich über diesen Dualismus und die darin enthaltene Abwertung der Körperlichkeit des Menschen nicht hinauskommt. Die Weltoffenheit des Menschen, seine Fähigkeit, zu den Dingen des Daseins Stellung zu nehmen, ist mit der Natur des Menschen in keiner Weise vermittelt, vielmehr wird diese Weltoffenheit als ein Prinzip verstanden, das sich über die Natur des Menschen zu erheben vermag. Damit bleibt die bereits gestellte Frage virulent: Was heißt es, dass der je eigene Leib das unmittelbare Daseinsmedium eines denkenden Ichs ist, im Blick auf Scheler formuliert: Was heißt es, dass Weltoffenheit einem Wesen zukommt, das leiblich da ist?

3.2 Der Mensch als Leib

Auf die Frage, was es bedeutet, dass ein denkendes Ich leiblich da ist, hat Maurice Merleau-Ponty in seiner bahnbrechenden Studie »Phänomenologie der Wahrnehmung«[193] eine Antwort zu geben versucht. Merleau-Pontys Überlegungen lassen sich gerade als Alternative zu den Überlegungen Schelers verstehen. Es zeigte sich, dass Scheler den Menschen – im Unterschied zu allen anderen Lebewesen – durch das Prinzip des »Geistes« ausgezeichnet sieht, das die Sonderstellung des Menschen begründet. Mit dem Geist und der durch ihn gegebenen Fähigkeit, das An-sich-Sein der Gegenstände zu erfassen, ist – wie bereits bemerkt – nach Scheler ein Prinzip zur Sprache gebracht, das »*außerhalb* all dessen [steht], was wir ›Leben‹ im weitesten Sinne nennen können«[194], es ist ein »*jedem Leben überhaupt, auch dem Leben im Menschen entgegengesetztes Prinzip*« (37f.). Nur der Mensch ist daher nach Scheler zur »Ideeierung« (49 u. ö.) fähig, d. h. er ist fähig, zwischen Wesen und Dasein der Gegenstände zu unterscheiden. Im Unterschied nun zu Scheler versucht Merleau-Ponty das Primat des denkenden Ichs und der von ihm produzierten Vorstellung von den Dingen zu bestreiten. Unser ursprüngliches Sein zur Welt ist nach Merleau-Ponty nämlich keineswegs reflexiv, sondern »präreflexiv«: Vor jeder denkenden Vorstellung und Idee von den Dingen ist der Mensch in der Wahrnehmung und der Erfahrung auf eine ursprüngliche Weise mit den Dingen vertraut, die jedem Bewusstseinsakt zugrunde liegt. Anders ausgedrückt: Das objektive Denken ist *Resultat* und *Folge* der ursprünglichen Zugangsweise des Subjektes zu dem welthaft Seienden und diese ursprüngliche Zugangsweise des Subjektes zu dem welthaft Seienden ist auf eine dem objektiven Denken *vorausliegende* Weise gegeben. Das ursprüngliche Sein-zur-Welt ist das unreflektierte Erleben und Wahrnehmen.

---

[193] Maurice Merleau-Ponty, Phänomenologie der Wahrnehmung. Aus dem Französischen übersetzt und eingeführt durch eine Vorrede von Rudolf Boehm (Phänomenologisch-psychologische Forschung 7), Berlin 1966.

[194] Scheler, Die Stellung des Menschen im Kosmos, 37 (Nachweise im Text).

Von dieser Einsicht aus lässt sich Merleau-Pontys Intention verstehen: Er beabsichtigt in seiner »Phänomenologie der Wahrnehmung« den durch die Wahrnehmung und Empfindung gegebenen Zugang des Subjektes zur Welt freizulegen, um den »Ursprungsort des Gegenstandes im Inneren unserer Erfahrung selbst«[195] in den Blick zu nehmen und damit zum »vorprädikativen Wissen« (95) zu gelangen. Merleau-Ponty will so den Weg zurück von der denkenden zur erlebten Einstellung beschreiten. Damit intendiert er, die Spaltung von Subjekt und Objekt aufzuheben, für die er das denkende Bewusstsein verantwortlich macht, und so zu der *»präobjektiven Sicht«* (104) der Welt zu gelangen. Zu dieser wird man nach Merleau-Ponty geführt, wenn man bedenkt, dass die einzelnen Gegenstände, die dem Subjekt durch seine Wahrnehmung gegeben sind, nicht in ihrem An-sich-Sein, sondern nur in einer bestimmten Perspektive, unter einem bestimmten Gesichtswinkel erscheinen: »[S]tets *setzt* mein menschlicher Blick vom Gegenstand nur eine Seite« (93). »So sehe ich etwa das Haus gegenüber unter einem bestimmten Gesichtswinkel, anders sähe man es vom rechten Ufer der Seine, anders wieder von innen, und noch anders wieder von einem Flugzeug aus; das Haus *selbst* ist nicht eine dieser Erscheinungen, es ist, wie Leibniz sagte, das Geometral dieser und aller möglichen Perspektiven, d. h. der nichtperspektive Term, von dem alle Perspektiven abzuleiten wären, es ist das Haus, von nirgendwoher gesehen« (91). Der menschliche Blick (als die Perspektivität der Wahrnehmung) setzt nur eine Seite von einem wahrzunehmenden Gegenstand, doch werden in dieser perspektivischen Wahrnehmung zugleich auch immer alle anderen Horizonte anvisiert, die dem Subjekt und seiner Perspektive nicht zugänglich sind, die vielmehr die Perspektiven *anderer* möglicher Subjekte der Wahrnehmung sind. Merleau-Ponty spricht davon, dass das betrachtende Subjekt in dem wahrgenommenen Gegenstand »heimisch« wird. Heimischwerden bedeutet, dass von dem Gegenstand »alle anderen Dinge nach ihren ihm zugewandten Seiten erblick[t]« werden. Der wahrgenommene Gegenstand wird damit unter den verschiedenen Gesichtswinkeln erfasst. »So ist jedes Ding der Spiegel aller anderen« (92). »Betrachte ich die Lampe auf meinem Tisch, so schreibe ich ihr nicht nur die von meinem Platz aus sichtbaren Eigenschaften, sondern auch die noch zu, die der Kamin, die Wände, der Tisch ›sehen‹ könnten, die Rückseite der Lampe ist nichts anderes als das Gesicht, das sie dem Kamin ›zeigt‹ [...]. Jene zuvor ausgesprochene Formulierung bedarf also der Modifikation: das Haus selbst ist nicht das von nirgendwoher gesehene, sondern das von überall her gesehene Haus. Der vollkommene Gegenstand ist gänzlich durchsichtig, allseitig durchdrungen von einer aktuellen Unendlichkeit von Blicken, die sich in seinem Innersten überschneiden und nichts an ihm verborgen lassen« (92f.). Insofern der Betrachter aber die Perspektivität seiner Wahrnehmung verlässt und zum An-sich-Sein des Gegenstandes vordringt, löst er sich schon von der unmittelbaren Erfahrung und vollzieht den Übergang zur Idee. »Diese behauptet als Gegen-

---

[195] Merleau-Ponty, Phänomenologie der Wahrnehmung, 96 (Nachweise im Text).

stand ein und dieselbe für jedermann, gültig für alle Zeit und für jeden Ort zu sein« (95). Man könnte – in der Terminologie Schelers – formulieren: Erst indem der Mensch sich von der unmittelbaren Erfahrung löst, kommt es zur Ideeierung. Die Ideeierung ist aber nicht das ursprüngliche Zur-Welt-Sein des Menschen. Mit der Ideeierung bildet sich »ein ›objektives‹ Denken [...] aus – das des gemeinen Verstandes und das der Wissenschaft –, in dem wir endlich jede Berührung mit der perzeptiven Erfahrung verlieren, deren Resultat und natürliche Folge jenes Denken gleichwohl ist und bleibt« (95f.).[196] Dieses Bestreben des Menschen, den Gegenstand aus allen Perspektiven zu erfassen, um zum An-sich-Sein des Gegenstandes selbst vorzudringen, droht den Perspektivismus der Erfahrungen zu vergessen – mit Merleau-Ponty formuliert: »das Bewußtsein, das ich von meinem Blick als Mittel der Erkenntnis hatte« (95) – und ein Primat des Bewusstseins zu behaupten und anzunehmen. Damit aber tritt der unmittelbare Zugang zur Welt in den Hintergrund.

Liegt Merleau-Ponty gerade daran, den Primat des denkenden Ichs zu bestreiten und den durch die Wahrnehmung und Empfindung gegebenen Zugang des Subjektes zur Welt freizulegen, so wird der Leib für ihn zu einem wesentlichen Gegenstand der Untersuchung der menschlichen Wahrnehmung und zu einem absoluten Bezugspunkt seiner Philosophie; denn der Leib ist das Medium der Welterfahrung, der »Angelpunkt der Welt« (106). Die Behauptung Merleau-Pontys, dass das denkende Ich grundgelegt ist durch die präreflexive Erfahrung, ist daher identisch mit seiner These, dass das denkende Ich sich im Leiblichen vorgezeichnet findet. Konsequenterweise baut Merleau-Ponty daher seine Theorie der Welterfahrung auf einer Theorie der menschlichen Leiblichkeit auf. Noch vor allem Sprechen ist der Leib der Ort, an dem Welt und Geist sich begegnen, er ist folglich der Boden, der den Dingen allererst ihre Bedeutung zuwachsen lässt. Dass das Bewusstsein die Wahrnehmung nicht hervorbringt (s. o.), bedeutet somit, dass es auf die Vorarbeit des Leibes angewiesen ist: Der Leib ist das »Vor-Ich«, insofern er die »primordiale« (116 u. ö.) Erfahrung der Welt vermittelt. Und diese durch den Leib vermittelte primordiale Erfahrung der Welt ist präreflexiv, insofern der Leib »seine Welt [hat und begreift], ohne erst den Durchgang durch ›Vorstellungen‹ nehmen [...] zu müssen« (170): »Es gibt also, mir zugrunde liegend, ein anderes Subjekt, für das eine Welt schon existiert, ehe ich da bin, und das in ihr meinen Platz schon markiert hat. Dieser gefangene und natürliche Geist ist mein Leib« (296). Von daher kann Merleau-Ponty formulieren: »Der Leib ist das Vehikel des Zur-Welt-Seins, und einen Leib haben heißt für den Lebenden, sich einem bestimmten Milieu zugesellen, sich mit bestimmten Vorhaben identifizieren und darin beständig sich engagieren« (106).

[196] Dabei betont Merleau-Ponty, dass bereits »die absolute Setzung eines einzigen Gegenstandes der Tod des Bewußtseins [ist], da sie, wie eine Lösung durch die Einführung eines einzigen Kristalls sich gänzlich kristallisiert, alle Erfahrungen erstarren läßt« (96).

Die Bedeutung des Leibes als Medium der Welterfahrung und als Vehikel des Zur-Welt-Seins ist in seiner Ständigkeit begründet – und diese Ständigkeit unterscheidet den Leib von allen Gegenständen, die Objekt der Wahrnehmung sein können. Auf den ersten Blick scheint die Ständigkeit des Leibes den Sachverhalt zu bezeichnen, dass ich mich von dem Leib im Unterschied von anderen Gegenständen nicht abwenden kann, er mithin als ein solcher Gegenstand aufzufassen ist, der mich nicht verlässt. Doch im Blick auf diesen Sachverhalt fragt Merleau-Ponty, ob der Leib dann überhaupt noch als ein Gegenstand aufzufassen ist. Muss ein Gegenstand beobachtbar sein, so bedeutet dies auch umgekehrt, dass er sich der Beobachtung entziehen lassen können muss. Seine Gegenwart ist daher als eine solche zu verstehen, die ihre mögliche Abwesenheit impliziert. Von hier aus ist die »Ständigkeit des eigenen Leibes« in den Blick zu nehmen. Ist der Leib einerseits »stets bei mir und ständig für mich da«, so entzieht sich der Leib gerade deshalb der Durchforschung, weil er sich immer unter demselben Blickwinkel darstellt. »Daß er stets bei mir und ständig für mich da ist, besagt in eins, daß ich niemals ihn eigentlich vor mir habe, daß er sich nicht vor meinem Blick entfalten kann, vielmehr immer am Rand meiner Wahrnehmung bleibt und dergestalt *mit* mir ist« (115). Der Leib ist nicht das Wahrgenommene, sondern das Medium der Wahrnehmung; denn mit meinem Leib beobachte ich andere Gegenstände, während mein Leib selbst nicht Gegenstand der Beobachtung ist. Als immer mit mir Seiender kann der Leib nicht berührt werden wie andere Gegenstände. Denn ich berühre den Leib immer auch mit meinem Leib. So bedingt der Leib die Konstitution der Gegenstände für mich, nur durch ihn kann ich die Gegenstände verstehen. Die Ständigkeit des Leibes bedeutet folglich nicht nur, dass er im Unterschied zu allen anderen Gegenständen ständig für mich da ist. Seine Ständigkeit ist eine »absolute, die jederlei relativer Ständigkeit der eigentlichen, stets der Abwesenheit fähigen Gegenstände erst den Grund gibt« (117).

Merleau-Ponty verdeutlicht den unmittelbaren, präreflexiven Zugang des Subjektes zur Welt, (den leiblichen Zugang) durch die Bewegung. Auch hinsichtlich der Bewegung ist der Leib von anderen Gegenständen unterschieden. Es ist nämlich nach Merleau-Ponty keinesfalls so, dass ein Ich im Körper sitzt und diesen lenkt, sondern das Ich muss den Leib gar nicht zum Ziel der Bewegung hinführen. Der Leib berührt dieses Ziel von Anbeginn an »und er selbst ist es, der sich ihm entgegenwirft«. Daher wird das Verhältnis zwischen meinem Entschluss und meinem Leib von Merleau-Ponty als ein »magisches« (119) bezeichnet. Das Bewusstsein ist nicht ursprünglich ein »›Ich denke zu...‹, sondern ein ›Ich kann‹« (166). »Erlernt ist eine Bewegung, wenn der Leib sie verstanden hat, d. h., wenn er sie in seiner ›Welt‹ einverleibt hat, und seinen Leib bewegen heißt immer, durch ihn hindurch auf die Dinge abzielen, ihn einer Anforderung entsprechen lassen, die an ihn ohne den Umweg irgendeiner Vorstellung ergeht« (168). Nach Merleau-Ponty hat der Leib seine Welt und begreift seine Welt, er muss nicht erst den Durchgang durch Vorstellungen nehmen. So spricht Merleau-Ponty von einer »ursprüngliche[n] Intentionalität« (166) des Leibes.

Nach Merleau-Ponty hat der Leib seine Welt, die Wahrnehmung der Dinge ist als Wahrnehmung des Leibes zu verstehen. »Der eigene Leib ist in der Welt wie das Herz im Organismus: er ist es, der alles sichtbare Schauspiel unaufhörlich am Leben erhält, es innerlich ernährt und beseelt, mit ihm ein einziges System bildend« (239). Äußere Wahrnehmung und die Wahrnehmung des eigenen Leibes sind nur zwei Seiten desselben Sachverhaltes; denn die Synthese des Gegenstandes vollzieht sich nach Merleau-Ponty im Durchgang durch die Synthese des eigenen Leibes als deren Korrelat und Entsprechung. Jede äußere Wahrnehmung ist unmittelbar einer bestimmten Wahrnehmung meines Leibes synonym, so wie jede Wahrnehmung meines Leibes sich in der Sprache äußerer Wahrnehmung auslegt. »In gleicher Weise werden wir eine Erfahrung der Welt zu neuem Leben zu erwecken haben, so wie sie uns erscheint, insofern wir zur Welt sind durch unseren Leib und mit ihm sie wahrnehmen. Doch also ein neues Verhältnis zu unserem Leib wie zur Welt findend, werden wir auch uns selbst wiederfinden, da der Leib, mit dem wir wahrnehmen, gleichsam ein natürliches Ich und selbst das Subjekt der Wahrnehmung ist« (243). So ist es der Leib, der auch Worten allererst ihren Sinn gibt. »Zeigt man jemandem ein aufgeschriebenes Wort für einen so kurzen Augenblick, daß er es nicht entziffern kann, so führt doch das Wort ›warm‹ z. B. eine Art Wärmeerfahrung herbei, die es wie mit einem Bedeutungshof umgibt. Das Wort ›hart‹ erregt eine Art Starre in Rücken und Hals, und erst sekundär projiziert es sich in das Seh- oder Hörfeld und nimmt da als Zeichen oder Vokabel Gestalt an. Ehe es Anzeige eines Begriffs ist, ist es zunächst ein meinen Leib ergreifendes Geschehnis, und seine Wirkung auf meinen Leib umschreibt seinen Bedeutungsbereich« (275).

Mit seinen Ausführungen intendiert Merleau-Ponty den Dualismus von Leib und Körper zu überwinden: Das Ich ist immer schon an den Leib gebunden; der Leib ist immer schon mit uns, sodass das Ich gar nicht von dem Leib unterschieden werden kann. »[M]ein Leib steht nicht vor mir, sondern ich bin in meinem Leib, oder vielmehr ich bin mein Leib« (180). Damit hat Merleau-Ponty das Phänomen des »Eigenleibes« (115 u. ö.) in den Blick genommen. Der Mensch findet sich als leibliches Wesen immer schon vor. Der Leib lässt sich nicht reduzieren auf die Vorstellung des denkenden Ichs von dem Körper, in dem es existiert; vielmehr ist das Ich nur in dem Durchgang durch seinen Körper zu verstehen. Das Ich erlebt sich als leibhaftes Ich. Treffend formuliert Merleau-Ponty: »[W]enn ich sage, mein Fuß ›tue mir weh‹, so will ich damit nicht etwa ihn als Ursache meines Schmerzen im gleichen Sinne, wie es der ihn verletzende Nagel ist, ansprechen, und lediglich als eine nähere Ursache; ich will nicht sagen, der Fuß sei sozusagen der letzte Gegenstand der Außenwelt, hinter dem dann der Schmerz des inneren Sinnes begönne, das an ihm selbst nicht lokalisierte Bewußtsein des Schmerzes, das mit dem Fuß nur durch Kausaleinflüsse und nur im System der Erfahrung verbunden ist. Vielmehr will ich sagen, daß der Schmerz selbst seinen Ort anzeigt, also einen ›Schmerzraum‹ konstituierend. ›Mein Fuß tut mir weh‹ – das heißt nicht: ›Ich denke mein Fuß ist Ursache des Schmerzes‹, sondern: ›Der Schmerz kommt vom Fuß‹ oder einfacher noch: ›Mein Fuß schmerzt‹« (118f.).

Allerdings fragt sich, ob Merleau-Ponty mit seiner Betonung der leibhaften Existenz nicht erneut eine Reduktion vorgenommen hat, die zu einseitig ist. Merleau-Ponty weist gegen die Spaltung von Leib und Geist auf eine dieser Spaltung vorausliegende Erfahrung der Ungeteiltheit, insofern er behauptet, den Getrenntheiten des denkenden Ichs liegt die Ungetrenntheit des leiblichen Ichs zugrunde. Kann aber die Vorstellung von der Unterschiedenheit von seinem Körper tatsächlich wie bei Merleau-Ponty als Produkt eines objektiven Denkens gefasst werden, das sozusagen unterlaufen werden kann durch den Rückgang auf die erlebte Leiblichkeit als etwas Ursprünglichem? Mit anderen Worten: Ist der Rückgang auf eine solche durch den Leib gegebene Ungeteiltheit überhaupt möglich? Gibt es einen Rückgang auf die Ebene der leibhaften Zuwendung zur Welt, die jede Subjekt-Objekt-Spaltung zu korrigieren erlaubt? Oder bleibt der Körper widerständig? Kann ich tatsächlich ohne Einschränkung sagen: »Ich bin mein Leib«. Oder im Blick auf das Beispiel formuliert: Wenn ich sage, mein Fuß tut mir weh, dann meine ich die Ursache des Schmerzes. Aber gibt es nicht auch das Phänomen, das ich ihn als *Ort* des Schmerzes verstehe und damit wiederum in gewisse Distanz zu dem Körper trete?

3.3 Das Auftauchen der phänomenalen Körperlichkeit

Für die Beantwortung unserer Frage, ob in der Weise Merleau-Pontys von einer ursprünglichen Identität von Leib und Ich gesprochen werden kann, sind die Arbeiten des Psychiaters Herbert Plügge aufschlussreich, der sich aus dem konventionellen Bereich seines Handwerkes hinausgewagt und neben Frederik Jakobus Johannes Buytendijk auch die phänomenologischen Arbeiten von Maurice Merleau-Ponty, Gabriel Marcel und Jean Paul Sartre zu berücksichtigen wusste.[197] Um es vorwegzunehmen: Auf der einen Seite vermag Plügge die Einsichten Merleau-Pontys von den Erfahrungen seiner psychiatrischen Diagnostik her zu bestätigen, auf der anderen Seite gelingt es ihm aber auch aufzuweisen, dass Merleau-Ponty in seiner Beschreibung des Leibseins des Menschen Wesentliches auszublenden droht.

Setzen wir zunächst bei Plügges Aufnahme der Einsichten von Merleau-Ponty ein: Das große Verdienst von Merleau-Pontys phänomenologischer Anthropologie erkennt Plügge darin, gegen die Vorstellung vom Körper als Objekt des denkenden Ichs die »phänomenale Leiblichkeit« des Menschen herausgearbeitet zu haben. Mit dem Begriff »phänomenale Leiblichkeit« bezeichnet Plügge den »unbemerkt gelebten Leib« (63) und damit den Sachverhalt, dass in unserer alltäglichen Zuwendung zur Welt das leibliche Ich weitgehend verborgen ist. So verwenden wir das Wort »Ich« nach Plügge gerade dann, wenn wir von unserem

[197] Herbert Plügge, Der Mensch und sein Leib, Tübingen 1967, VIIf. (Nachweise im Text).

Wollen und unseren Plänen berichten. Der Leib hingegen ist in unserem Wollen und Planen »verborgen«, er ist in der Intentionalität aufgehoben, mit Plügge gesprochen: Die Leiblichkeit »verwandelt sich im Engagement« und »sie ist mein Engagement und dadurch als ›Befinden‹ mir verborgen« (71). Der gesunde Mensch ist daher in seinem alltäglichen Tun und Lassen gar nicht bei sich und seinem Leib, sondern im Geplanten und Gewollten. Wollen, Planen und Streben sind daher nach Plügge als Akte des leiblichen Ichs zu verstehen. Die Leiblichkeit wird aber im Wollen und Planen nicht thematisch, sondern bleibt unbemerkt, sie tritt sozusagen zurück im Planen und Wollen: »Sitze ich am Schreibtisch, untersuche ich einen Kranken oder gehe ich auf der Straße, sind mir meine Arme und Beine praktisch nicht gegenwärtig. Ich bin dann gar nicht bei mir, sondern ›dort‹, ›bei der Sache‹. Meine Leiblichkeit bleibt, solange ich irgend tätig bin, in einem kaum bemerkten Hintergrund«. So geht die Leiblichkeit nach Plügge ein in die Auseinandersetzung mit der Welt, ohne dass sie zum Bewusstsein kommt und thematisch wird. Das Leibliche verhält sich »schweigend«: »Wenn ich einen Baum betrachte, bin ich bei diesem Baum und bemerke nichts von meinem Auge«. Von daher erscheint das Leibliche als »reine *Vermittlung*« (50). »Als Rolle und Vollzug tritt das Leibliche im Handeln in Erscheinung; aber es bleibt selbst als Mediales unbemerkt« (51). Wenn wir daher von etwas oder jemandem gefesselt sind, wissen wir nicht viel von unserem Leib. »Je ›gekonnter‹ eine Handlung ist, desto mehr sind das Ich und die Leiblichkeit im aktuellen Vollzug so zusammen vereint, daß alles Leibliche dem handelnden Ich verborgen bleibt« (72).

Kann Plügge daher auf der einen Seite der phänomenologischen Anthropologie Merleau-Pontys in der Beschreibung der »phänomenale[n] Leiblichkeit« zustimmen, so beansprucht er auf der anderen Seite über die Analysen Merleau-Pontys hinausgehend, die Einsichten der phänomenologischen Anthropologie entscheidend zu ergänzen. Notwendig ist eine Ergänzung für Plügge deshalb, weil Merleau-Ponty durch die Ausarbeitung des Leibes als Vermittlung den Körper als etwas Dingliches übersehen hat. Der Versuch der phänomenologischen Anthropologie, die phänomenale Leiblichkeit als entscheidende Wirklichkeit zu begreifen, zwingt nach Plügge dazu, sich von dem Begriff des Körperlichen als Gegensand der naturwissenschaftlichen Betrachtung abzugrenzen. Das Körperliche – so Plügge – erscheint bei Merleau-Ponty ausschließlich als Produkt des objektiven Denkens, das dem phänomenalen Erleben des Menschen, der sich als Ich in seinem Leib erlebt, widerspricht. »Ja, man konnte schließlich, ging man vom Phänomen der gesunden Leiblichkeit aus, nicht anders, als dem Körper den Phänomencharakter abzusprechen« (37), d. h. das Erleben des Körpers als etwas Dinghaftes wurde nicht zur Geltung gebracht. Diese Sicht zu korrigieren ist nach Plügge dem Arzt vorbehalten, denn dieser hat mit der Pathologie des menschlichen Leibes zu tun und damit mit dem Phänomen, »daß es *Körperliches* nicht nur als Abstraktion, sondern als Phänomen gibt« (38). Innerhalb des Leiblichen taucht Körperliches als Phänomen auf, d. h. als etwas Gegenständliches; der Leib kann eine »Tönung von Dinglichkeit bekommen« (70). Zwar überwiegt in der

Zuwendung zur Welt das leibliche Erleben, d. h. das Verschwinden des Leibes hinter der Intentionalität, doch stellt sich die Lage anders in Phasen des Missbefindens dar: »Ich werde mir fühlbar als Ich, dem es schwerfällt, die Beine zu heben. Oder als Ich, der auf einem unebenen Weg leicht stolpert. Oder als Ich, dem die Tasche in der Hand lästig wird. Dann ziehe ich mich in mich selbst zurück. Ich will vorerst einmal nichts von alldem wissen, was ich vorhatte und womit ich beschäftigt war. Anstelle des Weltbezuges tritt jetzt eine Beziehung zu meiner eigenen Leiblichkeit. Aus ›Dort‹ wird ›Ich-schwer‹, ›Ich-fühle-mich‹« (72f.). Im Missbefinden entdeckt man nun, dass man einen Kopf hat, der schmerzen kann, dass man Beine hat, die schwer werden können, eine Hand, die nicht auf unseren Willen reagiert.

Für Plügge ist die Erfahrung des Körperlich-Gegenständlichen eine »Art von *Gerinnung* im Sinne der Änderung eines Aggregatzustandes der sonst unbemerkten Leiblichkeit« (63). Und gerade hierin liegt etwas Erschreckendes und Befremdendes: »Das, was ich plötzlich zu meinem Erstaunen oder zu meinem Schrecken habe, bekommt damit auch für mich etwas Befremdendes. Der kranke Fuß, der früher im Gehen, im Stehen, im Steigen verborgen war, den ich phänomenal also gar nicht hatte, ist jetzt aufgetaucht, zugleich aber auch als etwas Befremdliches aufgetaucht« (76). Und doch ist der kranke Fuß, der früher verborgen war, nun aber im Missbefinden als etwas Befremdliches aufgetaucht ist, nach wie vor mein Fuß. Plügge macht vor allem auf den Sachverhalt aufmerksam, dass im selben Zug, wie sich die Erfahrung des Befremdlichen einstellt, sich auch die Erfahrung verstärkter Zugehörigkeit des als gegenständlich aufgetauchten Teils des Körpers einstellt. »Was sich in uns zu entfremden droht, vermittelt uns *vermehrt*, ja unter Umständen überhaupt erst die Erfahrung, es sei ja unser Eigenes. Es gehört zum widersprüchlichen Charakter unserer Leiblichkeit, daß ein Sich-bemerkbar-Machen, ein Sich-Entfremden und eine gleichzeitig erfahrene Zugehörigkeit dieser sich entfremdeten Partie zu unserer Leiblichkeit sich nicht ausschließen, sondern gegenseitig geradezu fordern. Ja, noch mehr: sie sind *ein* unteilbarer unauflöslicher Vorgang« (63). Die Erfahrung des Gegenständlich-Werdens erhält daher nach Plügge den »Charakter eigenster Leiblichkeit«. Hier kommt in das bisher unbemerkte Sein ein Haben hinein, gleichzeitig damit die Erfahrung des »*Gehabtwerdens*«: »Man denke nur an die überraschende Entdeckung eines Exanthems am eigenen Leibe. In dem Moment, in dem ich den Ausschlag an mir bemerke, hat dieser auch mich in seinen Fängen. Diese Dialektik von Haben und Gehabtwerden ist fast stets verknüpft mit Unsicherheit, Ängstlichkeit, Ratlosigkeit und dem nun einsetzenden Nachdenken, die Bemühung um Klärung der Bedeutung dieses Exanthems« (64).

Damit erscheint die Analyse von Merleau-Ponty als zu einseitig. Neben der phänomenalen Leiblichkeit gibt es auch die Erfahrung der phänomenalen Körperlichkeit: »Leib als Aktion und Dingliches« und damit »Entfremdung und vermehrte Zugehörigkeit in einer Erfahrung« (65). Dabei betont Plügge jedoch ausdrücklich, dass die »phänomenale Körperlichkeit« keineswegs an pathologische Zustände gebunden ist, sich vielmehr bereits im Alltag des gesunden Menschen unzählige Formen und Grade einer »Leib-Ich-Dissoziation« (90), d. h. »Spuren dinglicher Merkmale in unserer Leiblichkeit« (62), vorfinden. Plügge sieht das völlige Aufgehen in der Leiblichkeit, die vollständige Identifizierung von Ich und Leib, das vollkommene Aufgeben des Ichs im Intendierten, als einen Grenzfall an. Zeigte sich, dass das Dinglich-Körperliche gerade im Missbefinden auftaucht, so ist selbst im Wohlbefinden nach Plügge zwar eine harmonische Beziehung von Leiblichem und Körperlichem anzutreffen, keineswegs aber eine Identität von beidem; denn im Wohlbefinden genießen wir gerade unsere Körperlichkeit. Wir genießen sie deshalb, »weil wir uns sicher wähnen, daß unsere beschwerliche Körperlichkeit im Begriffe ist, ihre Gegenständlichkeit aufzugeben und damit als Lastcharakter zu verschwinden« (91).

3.4 Das Geheimnis der Inkarnation

Gemeinsam mit Merleau-Ponty hat auch Gabriel Marcel die – um mit der Begrifflichkeit Plügges zu sprechen – »phänomenale Leiblichkeit« in den Blick genommen. So bringt auch Marcel den Körper als den absoluten Vermittler des Zur-Welt-Seins des Menschen zur Sprache. Der Körper kann nicht in Analogie zu anderen Gebrauchsgegenständen betrachtet werden; denn die Beziehung zu diesen Gegenständen setzt die Beziehung des Subjektes zu seinem Körper voraus; erst durch den Körper ist dem Subjekt die Welt vermittelt. So kann der Körper nicht als Objekt gedacht werden, über das ein »Ich« verfügen kann; denn das Verfügen-Können geschieht immer aufgrund der Vermittlung des Körpers, über den das Ich aber nicht verfügen kann. »Unfähigkeit, die ich empfinde, wenn ich tatsächlich über das verfügen will, was mir erlaubt, über Dinge zu verfügen«[198]. Wie für Merleau-Ponty so ist auch für Marcel die Bewegung ein entscheidender Hinweis für unser Unvermögen, über den Körper zu verfügen: »[E]s ist evident, daß ich mich ihm dann gerade in einem anderen Sinne anvertraue, daß ich in Abhängigkeit von ihm stehe« (89). An diesem Punkt taucht Marcels eigentliche Frage erst auf: »[V]on welcher Art [ist] denn die Beziehung [...], die meinen Körper an mich knüpft«? »[W]as [hat] es mit dem Akt für eine Bewandtnis [...], durch den ich diesen Körper als den meinigen bezeichne« (117)? Aufgrund der vermittelnden Gestalt des Körpers ist der Körper nicht von dem »Ich« hintergehbar. So scheint, dass zwischen dem Ich und dem Körper nicht unterschieden werden kann; »mein Körper [ist] mein selbst«. Eine Trennung des Ichs von dem Körper wäre nach Marcel überhaupt nur unter der Voraussetzung denkbar, dass der Körper nicht mehr als uneingeschränkter Vermittler betrach-

[198] Gabriel Marcel, Sein und Haben. Übersetzung und Nachwort E. Behler, Paderborn 1954, 88. Über seinen Körper verfügt der Mensch nach Marcel auch dann nicht, wenn er sich tötet: »Dieses absolute Verfügen ist [...] in Wirklichkeit ein Außer-Gebrauch-Setzen« (89) (Nachweise im Text).

tet wird. Zwischen Körper und Ich kann nicht unterschieden werden; denn »[i]ch kann nicht ernsthaft sagen: ich und mein Körper« (15). So kann man zwischen dem »Bewußtsein seiner selbst als existierend« und dem »Bewußtsein seiner selbst als mit einem Körper verbunden« (10) nicht unterscheiden. Wenn ich sage, ich existiere, so habe ich »dunkel die Tatsache vor mir, daß ich nicht nur für mich bin, sondern daß ich mich offenbare, – man würde besser sagen, daß ich offenbar bin [...]. Ich existiere: das will sagen, ich habe etwas, woran ich mich erkennen oder wiedererkennen lasse, sei es von anderen, sei es von mir selbst, sofern ich für mich ein geliehenes zweites Ich annehme; und all dies ist nicht zu trennen von der Tatsache, daß mein Körper da ist«[199]. So ist jede »Kommunikation zwischen einem Ich und seinem Körper undenkbar«. Vielmehr ist dasjenige, was wir »Ich« nennen, das »ignotum quid [...], mit dem mein Körper, als der meinige, als unbedingt verbunden angesehen wird«[200].

Andererseits kann nach Marcel das Ich aber auch nicht einfach mit dem Körper identifiziert werden. Die Dualität zwischen mir und meinen Körper kann nicht durch die Behauptung negiert werden, dass es diese Dualität nicht gibt und ich in Wahrheit mein Körper bin. ›Ich bin mein Körper‹ kann nicht bedeuten, ›ich bin mit meinem Körper identisch‹. Führt der Idealismus zur Annullierung des Körpers in dem Sinne, dass ich »der Akt bin, der die objektive Realität meines Körpers setzt«[201], so führt die Aussage, dass ich mit meinem Körper identisch bin, zur Annullierung des Ichs im Sinne des materialistischen Satzes: »[M]ein Körper, das bin ich, allein mein Körper existiert. Aber diese Behauptung ist absurd«. Diese Behauptung ist nach Marcel deshalb absurd, weil »die Eigentümlichkeit meines Körpers [darin] liegt [...], nicht alleine existieren zu können«. So kann von dem Körper weder gesagt werden, dass er mein Ich ist, noch dass er nicht mein Ich ist. »Ich« heißt vielmehr »sich als Körper erscheinen, als dieser Körper hier, ohne sich mit ihm identifizieren zu können, ohne sich aber auch von ihm unterscheiden zu können«[202]. Diese unauflösliche Einheit von Ich und Körper einerseits und der Unterschiedenheit von Ich und Körper andererseits bezeichnet Marcel als das »zentrale Geheimnis der Inkarnation«. Die Inkarnation ist für Marcel die »zentrale Gegebenheit der Metaphysik«, denn die Inkarnation ist die »Situation eines Wesens, das sich leibhaftig erscheint«. Diese Situation aber ist eine solche, »die streng genommen nicht beherrscht, bemeistert oder analysiert werden kann«. So ist die Gegebenheit der Inkarnation undurchsichtig: »Von diesem Körper kann ich weder sagen, ob er mein Ich ist, noch ob er nicht mein Ich ist«[203]. »Dieser manchmal geheimnisvolle und intime Charakter der

[199] Gabriel Marcel, Schöpferische Treue, München/Paderborn/Wien 1961, 22f.
[200] A. a. O., 24.
[201] Marcel, Sein und Haben, 167.
[202] Marcel, Schöpferische Treue, 25.
[203] Marcel, Sein und Haben, 12 (Nachweise im Text).

Verbindung zwischen mir und meinem Körper (absichtlich gebrauche ich hier nicht das Wort Relation) färbt in Wirklichkeit jedes existentielle Urteil« (10).

Die Verbindung des Menschen zu seinem Leib ist auch das zentrale Thema von Marcels »Phänomenologie des Habens«. Marcel geht der Frage nach, was es überhaupt heißt, etwas zu »haben«. Er diskutiert diese Frage anhand der Unterscheidung von »Sein« und »Haben«. Ist das »Haben« vom »Sein« unterschieden, sodass beide als Gegensätze begriffen werden können? Marcel macht in Bezug auf das »Haben« zwei Gesichtspunkte geltend, die sich auf das gehabte Objekt einerseits und auf das habende Subjekt andererseits beziehen: Zum einen kann Objekt des Habens nur etwas sein, was eine von dem Habenden unabhängige Existenz besitzt. Zum anderen impliziert ein Haben auch immer eine Verfügungsgewalt des Habenden über das gehabte Objekt. »Ich habe nur das, über das ich irgendwie und in bestimmten Grenzen verfügen kann; mit anderen Worten: ich habe nur dann, wenn ich als eine Macht angesehen werden kann, als ein Seiender, dem Macht verliehen ist« (166f.). Rein formal gesehen stehen bei dem Haben somit ein bestimmter *Qui* und ein bestimmtes *Quid* in Beziehung. In dieser Beziehung scheint der Gegensatz von Subjekt und Objekt gültig zu sein, der es zu erlauben scheint, zwischen dem, was man hat (dem Objekt) und dem, was man ist (dem Subjekt), trennen zu können. Es scheint daher so, als könne ich über das, was ich habe, verfügen, ohne dass es mein Sein entscheidend betrifft; denn es scheint so, dass es außerhalb dessen liegt, der es besitzt. Dass diese Unterscheidung, die auf einen strengen Gegensatz von Subjekt und Objekt hinausläuft, aber zu oberflächlich ist, zeigt sich nach Marcel gerade an der Frage, ob ich »streng genommen sagen [kann], daß mein Körper etwas ist, das ich habe?« Ist mein eigener Körper ein *Quid*, über das ich als *Qui* herrsche und Macht habe? Unter der Voraussetzung, dass man diese Frage bejaht, stellt sich doch die tiefer gehende Frage: »[W]er bin ich denn, der ihn so behandelt« (167)?

So zeigt gerade die Frage nach der Möglichkeit, seinen Körper zu haben, dass die formale Betrachtungsweise, nach der ein bestimmter *Qui* zu einem bestimmten *Quid* in Beziehung steht, dass man zwischen einem Objekt, das man hat, über das man verfügen und Macht ausüben kann, und einem Subjekt, das man selbst ist, einen Gegensatz bilden kann, der das Verhältnis von Sein und Haben noch nicht hinreichend genau in den Blick nimmt. Gegen diese Betrachtungsweise gibt Marcel zu bedenken, dass eine genauere Analyse des Habens zeigt, dass die Behauptung der Äußerlichkeit des gehabten Objektes gegenüber dem habenden Subjekt unberechtigt ist, weil die Verbindung zwischen *Qui* und *Quid* nicht einfach auf einer äußerlichen Konjunktion beruht. Vielmehr zeigt sich, dass im Vorgang des »Habens«, besonders bei Objekten, die eine große Bedeutung für uns besitzen, die Spaltung zwischen dem Subjekt und dem gehabten Objekt sich immer mehr aufhebt und so eine lebendige Beziehung zu den Dingen entsteht. Sie liegen nicht nur außerhalb von mir, sondern zwischen ihnen und mir besteht »eine Kommunikation von innen her«, »[m]an könnte sagen, daß sie mich unterirdisch berühren« (176). Dies zeigt sich gerade bei dem Verlust oder der Zerstörung des gehabten Gegenstandes: »Er wird dann (oder er birgt das Risiko dazu) das Zentrum einer Art von Strudeln der Furcht und der Angst; und hierin offenbart sich die Spannung, die wesenhaft zur Ordnung des Habens gehört« (174). Das Gehabte verlagert sich ins Sein, es vereinigt sich. Und so wird nach Marcel offenbar, dass in dem Maße, in dem ich mit den Objekten verbunden bin, ich nicht nur eine Macht auf sie ausübe, sondern auch sie eine Macht auf mich. Es entsteht eine lebendige Realität, wir sind lebhaft und aktiv mit den Objekten verbunden. Der Vorgang des Habens kann sich geradezu umkehren, nämlich dann, wenn – wie Marcel formuliert – »[u]nsere Besitztümer [uns] [auf]fressen« (177).

Das Haben bleibt ein spannungsvoller Vorgang; denn im Haben findet sich eine »doppelte Permanenz«: die Permanenz des *Qui* und die Permanenz des *Quid*. Diese Permanenz aber ist wesenhaft bedroht. Die Bedrohung entsteht aus dem »Ergriffenwerden vom anderen als anderem« (174); denn gerade indem ich von anderem ergriffen werde, empfinde ich mich schmerzhaft als Ich und damit die unaufhebbare Differenz zu dem anderen. »Ich presse dieses Ding fest gegen mich, das mir vielleicht entrissen wird, verzweifelt versuche ich es mir zu verkörpern, eine komplexe und unzerlegbare Einheit mit ihm zu bilden. Verzweifelt, vergeblich ...«.

Im Blick auf dieses vertiefte Verständnis des Habens kann allererst die Frage nach der Verbindung des Ichs zu dem Körper neu gestellt werden. Denn der Körper ist das »primäre Objekt, das typische Objekt, mit dem ich mich identifiziere, und das sich mir dennoch entzieht«. Gerade in dem Versuch, unser Verhältnis zu unserem Körper zu verstehen, stehen wir »gleichsam im geheimsten und tiefsten Verlies des Habens« (175); denn unter allen Dingen, die ich »habe« und mit denen mich eine solch innige Beziehung verbindet, dass das Haben sich zum Sein sublimiert, nimmt der Körper eine Sonderstellung ein. So kann Marcel sogar eine »Tyrannei« diagnostizieren, die der Körper auf mich ausübt. Sie ist begründet in der Abhängigkeit, die der Mensch von seinem Körper hat. Das Paradoxe an dem Verhältnis eines Subjektes zu seinem Körper »ist die Tatsache, daß ich mich schließlich selbst bei dieser Anhänglichkeit aufzulösen scheine, daß ich in diesem Körper aufgehe, dem ich anhange. Es ist so, als ob mich mein Körper buchstäblich auffräße« (176). Der Körper ist ein solches Objekt, das ursprünglich zwar besessen wurde, »aber jetzt gerade denjenigen absorbiert, der zuvor über es zu verfügen glaubte. Es scheint zum Wesen meines Körpers oder meiner Instrumente zu gehören, insoweit ich sie als besessen behandle, mich unterdrücken zu wollen, mich, der sie besitzt« (177). So ist die Körperlichkeit gewissermaßen die Grenzzone zwischen dem Haben und dem Sein, gerade im Blick auf den Körper gilt, dass ich mit ihm durch eine besondere Kommunikation von innen her verbunden bin, Körper und Ich sind eine lebendige Realität.

Das Leibsein des Menschen wird von Marcel als undurchdringbares Geheimnis vorgestellt: Das Ich erscheint sich als dieser Körper hier, ohne mit ihm identifiziert werden zu können. Damit wird aber auch das Verstehen der Außenwelt für Marcel zu einem undurchdringbaren Geheimnis; denn es ist der undurchdringbare Körper, der die Vermittlung der Welt außer mir leistet und mein Sein-zur-Welt bestimmt.

3.5 Der Mensch als Körperleib im Körperleib

Die Fähigkeit des Menschen, zu sich selbst in Distanz zu treten und das Sosein der Gegenstände zu ergreifen, wird, wie bereits von Scheler auch von Helmuth Plessner in seiner mit Schelers grundlegenden Studie zeitgleich erschienenen Schrift »Die Stufen des Organischen und der Mensch«[204], zur zentralen anthropologischen Kategorie erhoben. Allerdings wird der Begriff der »Weltoffenheit« von Plessner als dem gemeinten Sachverhalt gegenüber unangemessen abgelehnt: »Weltoffenheit ohne jede Einschränkung« kann dem Menschen nicht zukommen. »Sie wäre nur einem Subjekt möglich, das – wie die mittelalterliche Theologie sich den Engel dachte – leiblos wäre oder einen pneumatisierten Leib besäße, wobei Welt den Inbegriff des Wirklichen in seiner Unverhülltheit bedeutet. Unsere Welt ist dagegen in Erscheinungen gegeben, in denen sich das Wirkliche gebrochen durch das Medium unserer Wahrnehmungsweisen und Aktionsrichtungen manifestiert«[205]. Damit ist der entscheidende Unterschied zwischen Plessner und Scheler deutlich markiert. Zeigte sich, dass das Prinzip des Geistes bei Scheler gerade nicht abgeleitet werden kann aus dem Lebensprozess selbst, so kritisiert Plessner, dass Scheler die Sonderstellung des Menschen ermitteln zu können glaubt, ohne auf die biologisch-morphologische Sonderstellung einzugehen: Bei Scheler – so Plessners Kritik – manifestiert sich diese Sonderstellung »als Triebverdrängung und Nein-Sagen-Können. Die spezifische Körpergestalt der Hominiden mag eine hierbei unterstützende Rolle spielen – aufrechter Gang, Freisetzung der Hand, Zerebralisation – entscheidend ist sie nicht. Warum sollte in dieser Sicht nicht auch ein Vogelkörper Schauplatz von Triebverdrängung und Weltoffenheit sein – wenn der Geist in ihn fährt«[206]. Eben diese Kritik meldet Plessner auch an der Daseinsanalytik seines Lehrers Martin Heidegger an: In seinen »Stufen« bringt er gegen die Heideggersche Grundkategorie des Daseins die des Lebens in Anschlag. Kritisch fragt er gegen die Existentialphilosophie: »Wie tief reicht ihre Bindung an den Leib«[207]? Die geschickt gewählte Perspektive der Existentialanalyse »führt an den echten Problemen menschlichen Daseins

[204] Helmuth Plessner, Die Stufen des Organischen und der Mensch, Berlin/New York ³1975.

[205] Helmuth Plessner, Die Frage nach der conditio humana (1961), in: ders., Conditio humana. Gesammelte Schriften, Bd. VIII, hrsg. v. Günther Dux/Odo Marquard/Elisabeth Ströker, Frankfurt a. M. 1983, 136–217, 187.

[206] Plessner, Die Stufen des Organischen und der Mensch, XI.

[207] A. a. O., XIV.

vorbei und damit an seiner wirklichen Erkenntnis«[208]. Im Unterschied zu Scheler (und auch zur Daseinsanalytik Heideggers) will Plessner die morphologisch-biologische Seite des Menschen in seine Theorie integrieren, um das Personsein mit dem lebendigen Körpersein des Menschen zu vermitteln.

Plessners Überlegungen nehmen ihren Ausgang bei der Frage nach dem lebendigen Körper[209]; denn der Mensch ist nicht nur von seinem Geist her zu verstehen, sondern von der Tatsache, dass dieser Geist in einem lebendigen Körper ist. Der Begriff der »Weltoffenheit« wird von Plessner durch den Begriff der »Exzentrizität« (V u.ö.) ersetzt: Im Unterschied zu Scheler versucht Plessner durch den Begriff der »Exzentrizität« das Phänomen der Weltoffenheit auf seine Möglichkeitsbedingungen hin zu hinterfragen. Das humane Subjekt kann die Gegenstände in ihrem Sosein ergreifen, d. h. eine Beziehung zur Andersheit der Gegenstände gewinnen, weil es eine Beziehung zu sich selbst hat. Seine eigene Mitte ist dem Menschen aufgrund der Fähigkeit gegeben, aus sich herauszutreten. Die »Schranke der tierischen Organisation« liegt nach Plessner darin, dass dem Tier sein Selbst-Sein verborgen ist. Dem Tier ist zwar sein eigener Körperleib gegeben, es geht aber im Hier und Jetzt auf. Sein Körperleib wird ihm nicht gegenständlich, er hebt sich von ihm nicht ab und kann somit nicht in Beziehung zu ihm treten. Der Körperleib bleibt so »Zustand«, »vermittelndes Hindurch konkret lebendigen Lebensvollzugs« (288). Demgegenüber weiß der Mensch um seine Mitte, erlebt sie und ist darum »über sie hinaus« (291). »Ist das Leben des Tieres zentrisch, so ist das Leben des Menschen, ohne die Zentrierung durchbrechen zu können, zugleich aus ihr heraus, exzentrisch. *Exzentrizität* ist die für den Menschen charakteristische Form seiner frontalen Gestelltheit gegen das Umfeld« (291f.). So formuliert Plessner in Bezug auf den Menschen: »Positional liegt ein Dreifaches vor: das Lebendige ist Körper, im Körper (als Innenleben oder Seele) und außer dem Körper als Blickpunkt, von dem aus es beides ist« (293). Diese Verschränkung von »Körper-Sein« und »Körper-Haben« ist für Plessner zentral, sie dokumentiert die »zugleich tierische und nichttierische ›Natur‹«[210], die tierische Umweltgebundenheit und die Weltoffenheit, die miteinander kollidieren und nicht zum Ausgleich zu bringen sind. Der Mensch »hat« nicht nur seinen Körper, sondern er »ist« immer auch dieser Körper, umgekehrt: Der Mensch »ist« nicht nur Körper, sondern er »hat« ihn auch, keine der beiden Dimensionen vermag die andere aufzuheben. Sie gelten beide »im Verhältnis einer *nicht* zum Ausgleich zu bringenden gegenseitigen Verschränkung«.

Aufgrund dieses Doppelaspektes widerspricht Plessner sowohl Scheler als auch Gehlen: »Was bisher in diese Richtung getan ist, leidet allerdings an einer

---

[208] Plessner, Lachen und Weinen, 42.

[209] Vgl. Helmuth Plessner, Die Stufen des Organischen und der Mensch, 89 ff. (Nachweise im Text).

[210] Plessner, Über das Welt-Umweltverhältnis des Menschen (1950), in: ders., Conditio humana. 77–87, 81.

zu einfachen Behandlung des Gegensatzes zwischen umweltgebundener und weltoffener Lebensform. Entweder siegt der Biologismus mit der Degradation des Menschen auf das Niveau umweltgebundenen Lebens. [...] Oder der Biologismus wird abgewertet unter Hinweis auf die prinzipielle Weltoffenheit und Nichtgebundenheit des Menschen an eine Umwelt, wie bei Scheler und Gehlen, bei letzterem interessanterweise sogar im Wege einer in biologischer Ebene sich haltenden, Körperlichkeit, Sprache und Handlungssysteme umfassenden Analyse menschlichen Verhaltens«[211]. Plessner beansprucht, vor der eigentlichen »Schwierigkeit des Verständnisses eines körperlichen Geschehens«[212] nicht zurückzuweichen. Die Verschränkung von Körpersein und Körperhaben muss vielmehr die Basis für die Analyse der menschlichen Lebensformen wie auch für charakteristische menschliche Ausdrucksweisen bilden. Entscheidende Bedeutung kommt dabei den menschlichen Ausdrucksformen von Lachen und Weinen zu; denn sie sind nur zu verstehen aufgrund des Doppelaspektes des Menschen als Körper im Körper. Und umgekehrt: Diese Ausdrucksformen des Menschen dokumentieren am eindrücklichsten seinen ihn auszeichnenden Doppelaspekt. Daher sei im Folgenden auf Plessners grundlegende Studie »Lachen und Weinen« etwas ausführlicher eingegangen.

Um die menschlichen Ausdrucksformen von Lachen und Weinen und die durch sie gegebene Verstehensaufgabe in Bezug auf das menschliche Dasein begreifen zu können, ist es sinnvoll, mit Plessner zunächst einen Blick auf andere Ausdrucksformen des Menschen zu werfen, die sich scheinbar leichter zuordnen lassen. Zu denken ist beispielsweise an die menschliche Sprache und die menschlichen Gebärden. In Sprache und Gebärden gibt der Mensch seinen Gedanken, Gefühlen und Absichten einen »hinweisend-vermittelnden, einen sachlichen und diskutablen Ausdruck« (29). Sie sind symbolische Akte und verweisen damit auf die Monopolstellung des Menschen, die ihm durch seine Vernunft und seinen Geist gegeben ist: »Sprechen und Handeln zeigen den Menschen in seiner Beherrschung auf der ihm gegebenen Höhe freier Verfügungsgewalt durch Vernunft« (42). Sie lassen sich daher insofern leicht verstehen, als sie sich auf die durch Vernunft und Geist gegebene Monopolstellung des Menschen zurückführen lassen. Nur der Mensch kann sprechen und sich durch intentionale Gebärden Ausdruck verleihen. Aber auch andere menschliche Ausdrucksweisen lassen sich nach Plessner ohne größere Schwierigkeiten verstehen. In Vorgängen wie dem Husten, dem Erröten usw. fehlt zwar der intentionale Charakter, sie lassen sich aber als Ausdrucksweisen der körperlichen »Seite« des Menschen, seiner tierischen Dimension, in den Blick nehmen. So sind diese Ausdrucksweisen wie auch andere Affektäußerungen zwar nicht als Teil der Geistigkeit des Menschen zu verstehen, doch lassen sie sich verstehen als Ausdruck der – mit der tierischen Lebensform gemeinsamen – Körperlichkeit des Menschen. Be-

[211] A. a. O., 80.

[212] Plessner, Lachen und Weinen, 42 (Nachweise im Text).

trachtet man daher Ausdrucksweisen wie die Sprache und die Gebärden einerseits und Husten und Erröten andererseits, so scheint dies gerade auch für die Zweiseitenauffassung des Menschen zu sprechen, die die menschliche Natur als aus zwei getrennten Substanzen zusammengesetzt betrachtet, nämlich dem Körper als dem ausgedehnten Ding und dem Geist als dem denkenden Ding, wobei der Körper die Herrschaft über den Geist hat und diesen als Mittel und Instrument gebraucht. Die bisher angesprochenen menschlichen Ausdrucksformen scheinen dieser Zweiseitenauffassung des Menschen insofern entgegenzukommen, als sie sich auf diese beiden Seiten verteilen lassen: Im Husten, Erröten und in den Affekten macht sich die körperliche Seite des Menschen bemerkbar, in Sprache, Handlung, Gestaltung und Gebärde scheint sich demgegenüber der menschliche Leib den Antrieben und Intentionen seelisch-geistiger Art zu fügen. »Er geht mit, er läßt sich prägen, er trägt, und eben, weil er so fügsam ist, beansprucht er auch keine andere Rolle als die der Materie, des verkörpernden Stoffs, des willfährigen Darstellungsmittels« (39f.). So passen diese Ausdrucksformen zu der traditionellen dualistischen Auffassung des Menschen: »Leib ist die zum Leben unentbehrliche, zur Äußerung unvermeidliche Hüllenschicht eines Wesens, das sich in seinem Eigentlichen von ihr emanzipiert weiß und bis an die Grenzen von Krankheit und Tod über sie verfügt« (40). Demgegenüber erlauben nach Plesser die menschlichen Ausdrucksformen von Lachen und Weinen einen anderen Blick auf das Verhältnis des Menschen zu seinem Leib und lassen daher allererst das menschliche Dasein angemessen verstehen.

Plessner macht Lachen und Weinen als Ausdrucksformen namhaft, über die nur der Mensch verfügt. Entscheidend ist für Plessner, dass Lachen und Weinen mit Sprache und Gebärden, durch die der Mensch anderen Lebewesen überlegen ist, nichts zu tun haben. Verleiht der Mensch in Sprache und Gebärden seinen Gedanken, Gefühlen und Intentionen einen symbolischen Ausdruck, so sind Lachen und Weinen gerade nicht als symbolische Akte zu verstehen. Lachen und Weinen haben vielmehr einen eher »eruptive[n] Charakter«, der sie in die Nähe von emotinalen Ausdrucksbewegungen verweist. »Dem unartikulierten Schrei verwandter als der diszipliniert artikulierten Sprache, steigen Lachen und Weinen aus der Tiefe gefühlsgebundenen Lebens« (29). Eher durch Eruptivität und Zwangsmäßigkeit gekennzeichnet, fehlt hier jede symbolische Prägung. Das Eruptive, Zwanghafte und Unartikulierte dieser Äußerungsformen widerstrebt einer Bindung an Vernunft und Geist. Wie das Husten verweisen sie eher in die Richtung des Tierischen und Körperlichen. Allerdings – und hierin erblickt Plessner die durch die Ausdrucksformen von Weinen und Lachen gegebene Verstehensaufgabe in Bezug auf das menschliche Dasein – fragt sich, wenn Lachen und Weinen nur Affektäußerungen und emotionale Ausdrucksbewegungen sind, »warum nicht wenigstens die dem Menschen nächst verwandten Tiere auch lachen und weinen können« (33). So sind Lachen und Weinen aufschlussreich für das menschliche Dasein: Zum einen nämlich sind diese nur dem Menschen eigen, zum anderen aber lassen sie sich nicht einfach als Teil der Geistigkeit des Menschen interpretieren. Hat der Mensch eine Monopolstellung in der

Welt durch seine Vernunft und seinen Geist, so ist zu fragen, was Lachen und Weinen mit Vernunft und Geist zu tun haben und warum gerade sie den übrigen Lebewesen versagt sind. Ferner ist zu klären, inwiefern diese Ausdrucksformen mit anderen spezifisch menschlichen Fähigkeiten wie Sprache und Arbeit zu vereinbaren sind. Sind Letztere von dem Geistsein des Menschen her ermöglicht, so muss dies auch für die Ausdrucksformen von Lachen und Weinen gelten. So formuliert Plessner: »Nicht ob Lachen und Weinen Monopole des Menschen sind, steht zur Diskussion, sondern wie« (32). Lachen und Weinen als Ausdrucksweisen des Menschen sind nach Plessner nur dann zu begreifen, wenn man die dualistische Auffassung von Leib und Körper als zwei Seiten des Menschen überwindet. So verwundert es nach Plessner nicht, dass die bisherigen Analysen des Menschen immer vor den Ausdrucksformen des Lachens und Weinens zurückgewichen sind und sich beschränkt haben auf den Kreis der symbolisch geprägten Formen des Verhaltens, wie auf (intentionale) Handlungen, Gebärden und Gesten. Die menschlichen Ausdrucksformen von Lachen und Weinen widersprechen nach Plessner aber nicht nur jedem Auseinanderreißen von Leib und Geist, sondern auch jedem Versuch, eine ursprüngliche Einheit von Leib und Geist zu behaupten.

Kehren wir zu der Frage zurück, was Lachen und Weinen mit dem Geistsein des Menschen zu tun haben. Lachen und Weinen zeigen zwar keine symbolische Prägung, allerdings sind sie vom Menschen motiviert. »Wiewohl vom Menschen aus motiviert, treten sie als unbeherrschte und ungeformte Eruptionen des gleichsam verselbstständigten Körpers in Erscheinung. Der Mensch verfällt ihnen, er fällt – ins Lachen, er läßt sich fallen – ins Weinen«. Der Mensch antwortet in den Formen des Lachens und Weinens. Allerdings antwortet er hier anders als in den Formen der Sprache. »Er antwortet – mit seinem Körper als Körper – wie aus der Unmöglichkeit heraus, noch selber eine Antwort finden zu können. Und in der verlorenen Beherrschung über sich und seinen Leib erweist er sich als ein Wesen zugleich außerleiblicher Art, das in Spannung zu seiner physischen Existenz lebt, ganz und gar an sie gebunden« (40). Lachen und Weinen unterscheiden sich von anderen menschlichen Ausdrucksformen und lassen das nicht eindeutige Verhältnis des Menschen zu seinem Körper in Erscheinung treten: Sie unterscheiden sich von Ausdrucksformen wie Sprechen und Handeln, die die freie Verfügungsgewalt durch die Vernunft zeigen, in denen der Mensch seinen Gefühlen und Intentionen Ausdruck gibt, sie unterscheiden sich aber auch von Vorgängen, wie dem bereits namhaft gemachten Husten, denen jeder Antwortcharakter fehlt. Im Lachen und Weinen gibt der Mensch Antwort, indem der Körper die Antwort übernimmt. Der Mensch bedient sich nicht seines Körpers als Instrument, sondern er verfällt in das Körperliche, lässt den Körper die Antwort geben. Gerade daher zeigen die Ausdrucksformen von Lachen und Weinen das uneindeutige Verhältnis des Menschen zu seinem Körper: »als Körper und im Körper« (47), oder: von »Körpersein und Körperhaben« oder »als Leib im Körper« (48) bzw. »als Körperleib – im Körperleib«.

Was heißt es aber nun, als Leibkörper in einem Leibkörper zu existieren? Was bedeutet es, dass die Situation des menschlichen Daseins »doppeldeutig« (46) ist? Plessner bringt mit diesen Wendungen zum Ausdruck, dass dem Menschen sein Leib zugleich zuständlich (er ist Leib) und gegenständlich gegeben ist (er ist in einem Körper und hat einen Körper). Der Mensch ist immer Leib und zugleich hat er diesen Leib als seinen Körper: »Er erfährt sich als Ding und in einem Ding«. Auf der einen Seite erfährt sich der Mensch als in einem Körper seiend. Und als solcher bedient er sich seines Leibes, er beherrscht ihn und lernt ihn beherrschen. Plessner spricht hier von einem »Mittel- bzw. Instrumentalcharakter des Körpers«. Der Körper ist Mittel, das der Mensch gebrauchen kann oder, vorsichtiger formuliert, etwas, das auf ihn »anspricht« (53). Im Körper seiend steht dieser ihm als ein Etwas gegenüber, was er zu beherrschen vermag und als Mittel und Instrument gebrauchen kann. Zugleich aber bindet der Körper das Ich auch an sich, sodass der Mensch zugleich mit seinem Körper zusammenfällt. Der Körper ergreift ihn. Er ist sein Leib. In keinem der beiden Ordnungen – dem Körpersein noch dem Körperhaben – geht der Mensch restlos auf. »Er *ist* weder allein Leib noch *hat* er allein Leib (Körper)« (48). Daher ist Plessner auch nicht so zu verstehen, als wolle er unterschiedliche Ordnungen namhaft machen, in denen der Mensch jeweils zu unterschiedlichen Zeiten steht. Zwar lassen sich in der philosophischen Betrachtung beide Dimensionen je für sich charakterisieren, doch sind sie im Erleben nicht voneinander zu trennen. Körperhaben und Körpersein sind immer zugleich: Ich bin mein Körper und zugleich habe ich ihn, man ist ein Leib und zugleich bewohnt man ihn. Plessner geht es auch, anders als Merleau-Ponty, nicht darum, eine zugrunde liegende ursprüngliche und einheitliche Erfahrung herauszustellen, vielmehr ist dieses Zugleich nicht hintergehbar. Es gibt kein eindeutiges Verhältnis zum Leib, weder ein ausschließliches Körpersein noch ein ausschließliches Körperhaben. Erscheint bei Merleau-Ponty das Ich gegründet auf die Leistungen des Leibes als Vor-Ich, so findet sich das Ich bei Plessner als Leib im Körper vor, kann diesen instrumentalisieren, ohne zugleich aufzuhören, auch dieser Leib zu sein. Erscheint der Körper bei Merleau-Ponty nur als (sekundäres) Produkt des objektiven Denkens, so bei Plessner als nicht zu übergehende und nicht zu hintergehende Grunderfahrung des Daseins. So spricht Plessner auch von einer »Unergründlichkeit« dieses Verhältnisses. Das Verhältnis des Menschen zu seinem Leib bleibt »doppeldeutig« (41) und daher muss der Mensch sich mit dieser Doppelrolle von dem Tag seiner Geburt an »abfinden« (45). Er muss die Spaltung in Leibsein und Körperhaben akzeptieren, dieser Doppelrolle liegt keine ursprüngliche Ungeteiltheit des Leibes von der Welt zugrunde. Anders als bei Merleau-Ponty ist daher auch keine Ganzheit im Rückgang auf die ursprüngliche Ungeteiltheit zu bekommen. »Nur dem Menschen ist seine körperliche Situation gegenständlich *und* zuständlich bewußt, eine beständige Hemmung, aber auch ein beständiger Anreiz, sie zu überwinden« (49). So äußert sich in dem Leibsein und Körperhaben die Exzentrizität des Menschen: Der Mensch greift über sich hinaus und hat dadurch eine Beziehung zu sich selbst.

3.6 Der Sport als spielerischer, leiblicher Leistungsvergleich

Der Leib – so haben wir lernen dürfen – lässt sich nicht reduzieren auf die Vorstellung des denkenden Ichs von dem Körper, in dem es existiert. Das, was wir »Ich« nennen, ist das Erscheinen meines Körpers als der meinige (Eigenleib). Im Erleben meines Leibes als der meinige werde ich meines Selbst allererst inne. Daher kann man zwischen dem »Bewußtsein seiner selbst als existierend« (s. o.) und dem »Bewußtsein seiner selbst als mit einem Körper verbunden« (s. o.) nicht unterscheiden. Andererseits lässt sich die Spannung zwischen Körper und Geist auch nicht reduktionistisch still stellen. So wenig wir uns trennen können von unserem Körper im Sinne von »Ich *und* mein Körper«, so wenig können wir uns einfach mit unserem Körper identifizieren im Sinne von »Ich *bin* mein Körper«. »Ich« heißt vielmehr »sich als Körper erscheinen, als dieser Körper hier, ohne sich mit ihm identifizieren zu können, ohne sich aber auch von ihm unterscheiden zu können« (s. o.). Der Mensch »hat« nicht nur seinen Körper, sondern er »ist« immer auch dieser Körper, umgekehrt: Der Mensch »ist« nicht nur Körper, sondern er »hat« ihn auch, keine der beiden Dimensionen vermag die andere aufzuheben. Zu Recht betont Marcel, dass diese Situation nicht »beherrscht, bemeistert oder analysiert werden kann« (s. o.), mit Plessner gesprochen: Der Mensch muss sich mit seiner Doppelrolle als Körper im Körper »abfinden« (s. o.).

Die Verbindung von Körper und Sport ist offensichtlich. Der Sport ist »ein Spiel mit den Techniken des Körpers«[213], eine »Kunst, sich des Körpers zu bedienen«[214], es geht in ihm um das »Messen psycho-physischer Kräfte«[215]. Gerade durch die Ausarbeitung des Begriffs des Leibes, der die Einheit des körperlichen und geistigen Seins erfasst, kann der Sport in seiner Tiefe verstanden werden. Ist der Sport ein Spiel mit den Techniken des »Körpers«, dann lässt sich der Sport als der Raum begreifen, in dem der Mensch *sich selbst* zu erleben vermag. *Körpererleben ist Selbsterleben.* Ganz allgemein wird man sagen können, dass im Sport eine Auseinandersetzung mit mir selbst geschieht. Beide Formen des Körpererlebens sind im Sport konstitutiv: sowohl sich – in der gelungenen Bewegung – als Körper zu erleben als auch die Widerständigkeit des Körpers zu erleben. Und damit thematisiert der Sport die menschliche Grundsituation: als Körper im Körper.[216]

---

[213] Gunter Gebauer/Hans Lenk, Der erzählte Sport – homo ludens und auctor ludens, in: Gunter Gebauer (Hrsg.), Körper und Einbildungskraft. Inszenierung des Helden im Sport, Berlin 1988, 151.

[214] Marcel Mauss, Die Techniken des Körpers, in: ders., Soziologie und Anthropologie II, München/Wien 1975, 205.

[215] Volker Gerhardt, Die Moral des Sports, in: Volker Caysa (Hrsg.), Sportphilosophie, Leipzig 1997, 172–202, 193.

[216] Diese Situation des Menschen als Körper im Körper bringt Eilert Herms als das Zugleich von menschlicher Freiheit und Abhängigkeit zur Sprache (vgl. ders., Der Leib als

Dies erlaubt ein genaueres Verständnis des Leistungserlebens im Sport: Im Sport wird die Leistung erlebt als Leistung des Leibes und damit als *eigene* Leistung, als Leistung meiner selbst. In dieser Weise formulieren Eckart Balz und Detlef Kuhlmann: »Leistungen im Sport beruhen immer auf eigenen Aktivitäten. Wir können niemanden beauftragen, für uns sportliche Leistungen zu vollbringen. [...] Insofern geht es im Sport immer um besondere Selbst-Erfahrungen und Selbst-Verwirklichungen«[217]. In diesem Sinn urteilt ebenfalls Volker Caysa: »Im Sport erlebt der Mensch seine »Selbstmächtigkeit«[218]. Und auch die Überlegungen des Urvaters der Sportphilosophie, Hans Lenk, weisen in diese Richtung: »Sportliches Handeln ist Eigenhandeln, unverwechselbar persönlich aktives und engagiertes Leben, bewertete Eigenleistung«[219].

Die Bedeutung des Sports für das menschliche Dasein wird gerade dann deutlich, wenn man bedenkt, dass es gegenwärtig alles andere als selbstverständlich ist, seine eigene Leistung zu erleben. Zwar hat die dramatische eigene Aktivität besondere Bedeutung für die Persönlichkeitsentwicklung, doch macht Lenk zu Recht darauf aufmerksam, dass in der von passiven Informationen und stellvertretenden Erlebnissen überfluteten Konsumenten- und Mediengesellschaft diese nivelliert zu werden droht.[220] Der Mensch droht zum Passivisten zu werden, der selbst nicht mehr erlebt, sondern nur noch die Erlebnisse der anderen konsumiert. Der Verlust des Erlebens des eigenen Handelns wird auch unter dem Aspekt der Technisierung der Welt deutlich: Die moderne Technik kann nicht nur nach eigenem autonomen Willen zur Naturbeherrschung eingesetzt werden, sondern ist auch in zunehmendem Maße nötig, um die Natur überhaupt wahrnehmen und kontrollieren zu können. So findet »eine Delegation autonomen Wollens in Technologie statt, die selbst wiederum nur durch Technologie gesteuert werden kann«[221]. Der Verlust der Erfahrung der Wirksamkeit des eigenen Handelns tritt gegenwärtig in einem immer stärker zu beobachtenden Miss-

---

Symbol menschlicher Freiheit und Abhängigkeit, in: ders., Sport. Partner der Kirche und Thema der Theologie, Hannover 1993, 13–24).

[217] Eckart Balz/Detlef Kuhlmann, Sportpädagogik. Ein Lehrbuch in 14 Lektionen, Aachen ^{5}2015, 197.

[218] Volker Caysa, Körpertechnik als Grund der Selbstmächtigkeit im Sport, in: ders. (Hrsg.), Sportphilosophie, 257–274, 262.

[219] Hans Lenk, Eigenleistung sportlich – athletisch, in: Caysa (Hrsg.), Sportphilosophie, 142–171, 145.

[220] A. a. O., 142f.

[221] Elk Franke, Sportliche High-Tech-Leistungen und das Verantwortungsbewusstsein eines Steinewerfers, in: Caysa (Hrsg.), Sportphilosophie, 203–224, 210. In diese technisierten Systeme ist der Mensch immer schon eingebunden: »Solche Systeme werden weder bloß genutzt, noch bloß bedient oder ausgelöst, sondern wir leben in diesen Systemen [...] (Systeme der Datenkommunikation, der Kulturindustrie [...], der Medizintechnik) [...]. Diese Systeme repräsentieren nicht nur Handlungsschemata, sondern stellen die Bedingungen der Möglichkeit selbst, den Entwurf und die Realisierung von Handlungsschemata bereit« (Christoph Hubig, Technik- und Wissenschaftsethik, Berlin 1993, 57).

trauen in die eigenen Fähigkeiten, die eigene Wahrnehmung und das eigene Empfinden zutage. So zeigt die Praktische Theologin Isolde Karle, dass wir nicht nur in einer Risiko-, Erlebnis- und Informationsgesellschaft, sondern auch in einer Beratungsgesellschaft leben.[222] »Auf allen Ebenen des täglichen Lebens suchen Individuen heute nach professionellem Coaching, nach Expertise und Rat: in Erziehungsfragen, beim Zeitmanagement, auf der Suche nach Muße in der Beschleunigungsgesellschaft, bei Fragen der gesunden Ernährung, bezüglich Partnerschaft und Sexualität, der work-life-balance von Berufs- und Privatleben [...]. Offenbar verstehen sich viele Vollzüge des Alltags und der Lebensführung nicht mehr von selbst«[223]. Die meisten Menschen verlassen sich nicht mehr auf ihre natürlichen Instinkte und Wahrnehmungen, die »Selbstverständlichkeit der Lebensführung«[224] droht verloren zu gehen, sodass sie von Ratgebern und Fachleuten übernommen werden muss: »Keiner weiß mehr, wer er ist, was er will, was er soll. Jemand muss es ihm sagen. [...] Der professionelle Identitätskonstrukteur muss dem Einzelnen sagen, wonach er sich sehnt und wozu er da ist«[225].

Sowohl die technisierten Systeme, in die der Mensch eingebunden ist und die den Dispositionsspielraum des Menschen einschränken, als auch die Konsumenten- und Mediengesellschaft, die die eigenen Aktivitäten des Menschen durch stellvertretende Erlebnisse ersetzt, wecken das Bedürfnis nach eigener Aktivität; denn der Mensch »lebt nicht vom Informationskonsum allein. Er ist kein Passivist, kein bloßer Konsument, sondern letztlich ein handelndes Wesen, ein Aktivist. Er muss sich in seinen Handlungen erweisen, als Persönlichkeit dokumentieren und entwickeln«[226]. Gerade insofern der Sport diese Handlungsspielräume und Anforderungen bietet, ist er in seiner Bedeutung für das menschliche Dasein kaum zu überschätzen. So kann der Sport als eines der wenigen »Reservate personalen Eigenhandelns in der verwalteten und verfilmten Welt« aufgefasst werden. »Sport ist eine wirksame Schule der Eigenleistung«[227], denn er lässt den Menschen nicht nur seine eigene Aktivität erleben, sondern erlaubt diese Eigenleistung genussvoll zu erleben, weil der Sport ein Raum ist, in dem der Mensch von dem Kampf um das Dasein und der Sorge um die Existenz befreit ist.

---

[222] Isolde Karle, Das Streben nach Glück. Die Auseinandersetzung mit der Beratungsgesellschaft, in: Heinrich Bedford-Strohm (Hrsg.), Glück-Seligkeit. Theologische Rede vom Glück in einer bedrohten Welt, Neukirchen-Vluyn 2011, 51–68; vgl. auch Peter Fuchs, Die magische Welt der Beratung, in: Rainer Schützeichel/Thomas Brüsemeister (Hrsg.), Die beratende Gesellschaft. Zur gesellschaftlichen Bedeutung von Beratung, Wiesbaden 2004, 239–257.

[223] Isolde Karle, Das Streben nach Glück, 51.

[224] A. a. O., 52.

[225] Manfred Prisching, Die Ratgeber-Gesellschaft, in: ThPQ 154 (2006), 115–126, 116.

[226] Hans Lenk, Eigenleistung sportlich – athletisch, 142.

[227] A. a. O., 159.

III. Sport und Ethik

Vorbemerkungen

Sport – so haben wir gesehen – ist eine spielerische Konkurrenz hinsichtlich körperlicher Leistungen. Chancengleichheit und Nachprüfbarkeit von Leistungen sind wesentliche Voraussetzungen des Sports, haben sie doch die Funktion, die notwendigen Bedingungen zu schaffen, die einen möglichst exakten Vergleich von Leistungen gewähren. Anders als im beruflichen Alltag, wo zum einen Leistungen gar nicht richtig gemessen werden können und wo zum anderen häufig andere Aspekte als die tatsächlich erbrachte Leistung zum Erfolg führen, lautet das unhintergehbare Versprechen des Sports: Die Ersten werden die Ersten sein.

Lässt sich der Satz »Leistung führt zu Erfolg und Erfolg beruht auf Leistung« als Versprechen der bürgerlichen Gesellschaft ausdrücken, so gelangt dieses Prinzip nirgends so zu seiner Eindeutigkeit wie im Sport. Wenn Leistung, Konkurrenz und Gleichheit beim Sport herausgestellt werden, so heißt das nicht, dass man sich über problematische Tendenzen im Sport hinwegtäuschen muss. Zu Recht formuliert Christian Graf von Krockow: »Gewiß, es mag Schiebungen und Skandale geben, besonders, wenn materiell viel auf dem Spiel steht, wie im Berufsfußball, beim Berufsboxen, beim Pferderennen. Aber das Konkurrenzprinzip [...] läßt sich im Sport auf die Dauer doch nicht überlisten; es setzt sich immer wieder siegreich durch«[228].

Wie ist innerhalb des sportlichen Settings Moral zu verstehen? Wir kommen damit zurück zu der zu Beginn der Untersuchung gestellten Frage nach dem Geltungsbereich von Moral und moralischer Kommunikation. Die Gefahr der moralischen Kommunikation, dass sie die Anforderungen und Regeln eines Systems bzw. Lebensbereiches zersetzt, wurde gerade im Blick auf moralisch-ethische Beurteilungen des Sports deutlich, etwa wenn das Siegenwollen und der sportliche Konkurrenzkampf mit dem Hinweis auf das jesuanische Ethos kritisch

[228] Von Krockow, Sport und Industriegesellschaft, 94.

beargwöhnt wird.[229] Damit lässt der Sport Exemplarisches hinsichtlich Moral und Ethik zutage treten.

[229] Vgl. kritisch zum Gegensatz zwischen olympischem und jesuanischem Ethos: Michael Krüger, »The winner takes it all«. Sport zwischen wertorientiertem Leistungsstreben und Siegen um jeden Preis, in: Annette R. Hofmann/Michael Krüger (Hrsg.), Olympia als Bildungsidee. Beiträge zur olympischen Geschichte und Pädagogik, Wiesbaden 2013, 23-33, 25f.

1 Sportliche Gründe und moralische Prinzipien

Ich habe einleitend die Frage gestellt, welchen Ort die moralische Perspektive im Sport hat. Das primäre Interesse des Fußballers – so habe ich in der Einleitung formuliert – ist es, den Ball in das Tor der gegnerischen Mannschaft zu befördern, es gilt nicht der Verwirklichung von Werten wie »Fairness« oder »Respekt«. Verlangt die Moral, dass er sein Interesse neu ausrichten soll? Was sind die Gründe dafür, dass der Sportler so handelt, wie er handelt?

Bevor wir nach den sportlichen Gründen fragen, sollten wir tiefer ansetzen. Was sind überhaupt Gründe für unser Handeln?[230] Was heißt es, »aus einem Grund heraus etwas zu tun«? Stellen wir uns einmal vor, was wir antworten, wenn wir gefragt werden, warum wir dieses oder jenes getan haben, wir also nach dem Grund für unser Handeln gefragt werden. In der Regel verweisen wir auf situationale Faktoren, d. h. wir schildern Züge und Anforderungen einer Situation, auf die wir reagiert haben. Wir haben das Fenster geöffnet, weil ein Vogel gesungen hat; wir haben ein Kind getröstet, weil es geweint hat. Wenn der Handelnde eine Antwort auf die Frage nach dem Grund seines Handelns gibt, lässt er uns an der handlungsleitenden Perzeption der Situation teilhaben. Insofern leuchtet die Antwort ein, die Rüdiger Bittner auf die Frage gibt, was es heißt, etwas aus einem Grund zu tun: »ein Grund sein, aus dem jemand etwas tut, das ist soviel wie, etwas sein, auf das die betreffende Handlung eine Reaktion ist«[231]. Und daher geben wir Gründe an, indem wir auf die Züge einer Situation verweisen, auf die wir reagiert haben, die mich so oder so haben handeln lassen. Dabei beschreiben wir, welches Handeln auf welchen Aspekt einer Geschichte eine Reaktion ist: Auf die Frage, warum wir plötzlich die Party verlassen haben, antworten wir: »Weil es mir zu laut war.« Wir schildern somit die Züge der Party, die für unser Verlassen relevant waren, und diejenigen Züge der Party, die für das Verlassen der Party keine Rolle gespielt haben, lassen wir in

---

[230] Vgl. hierzu Michael Roth, Warum wir Moralapostel nicht mögen und das Moralisieren verabscheuen. Zur Lebensferne der Ethik (Theologische Interventionen 1), Stuttgart 2017, 89ff.

[231] Bittner, Aus Gründen handeln, 81 (Nachweise im Text).

den Hintergrund treten. Daher beschreiben wir, was geschieht, nicht, indem wir einzelne Vorkommnisse zusammenhanglos aufzählen. »Wir beschreiben es, indem wir Beziehungslinien zwischen Zuständen und Ereignissen, insbesondere Handlungen herausheben. [...] Der Unterschied [...] zwischen dem, worauf eine Handlung eine Reaktion ist, und etwas, das für diese Handlung belanglos ist, gehört zu dem, was wir über die Geschichten wissen, die die Welt bilden« (83). Wir lernen auf das, was geschehen ist, zu reagieren und Reaktionen darauf als solche zu erkennen (vgl. 84f.). Daher erkennen wir, dass Ursulas Fahrt zum Krankenhaus darin begründet ist, dass Helmut sein Bein gebrochen hat, nicht darin, dass er geschmacklos angezogen war. Handeln ist Reaktion auf Züge einer Situation und daher verweisen wir auf Züge der Situation (genauer: auf unsere Wahrnehmung von Zügen einer Situation), wenn wir unser Handeln begründen.

Nun ist mit diesem Verständnis des Handelns und der Handlungsgründe nicht bestritten, dass es auch komplexe Probleme und strittige Situationen gibt, die Überlegungen erfordern, ein »Mit-sich-zu-Rate-Gehen«[232]. Wenn wir mit uns zu Rate gehen, dann lassen wir vor unserem inneren Auge Facetten und Aspekte von Situationen szenisch hervortreten, imaginieren Szenarien, die die Konsequenzen und Folgen von möglichem Handeln zum Inhalt haben und lassen uns so beeindrucken und zu einer Reaktion bewegen. In diesem »Mit-sich-zu-Rate-Gehen« setzen wir uns selbst dem aus, »von relevanten Zügen der Situation beeindruckt zu werden, die sonst unbemerkt hätten bleiben oder weniger hervortreten können [...]. Wir lassen uns für etwas einnehmen, was wir betrachten«[233]. Wir schauen dann, was bestimmte Entscheidungen und Vorstellungen »mit uns machen«, wie sich dieses oder jenes anfühlt. Das ist auch der Grund, warum es so lange dauern kann, bis wir zu einer Entscheidung kommen.

Wenn wir das Handeln beschrieben haben als Reaktion auf Züge einer Situation, so sind bisher keine Prinzipien aufgetaucht. Sind nicht eher Prinzipien unsere Handlungsgründe? Gehen wir daher einen Schritt zurück: Wie wäre demgegenüber ein Handeln nach Prinzipien zu verstehen, ein Handeln also, dessen *Intention* darin besteht, ein bestimmtes Prinzip zu verwirklichen bzw. eine Norm oder einen Wert zu realisieren? Die gängige Vorstellung einer Handlung aus Prinzip ist doch in etwa folgende: Ich habe mir irgendeine Regel aus irgendeinem Grund zu eigen gemacht. Nun treten die Umstände ein, für die meine Maxime eine bestimmte Handlung vorsieht. Ich ziehe also einen Schluss aus Maxime plus Aufgabe aus der betreffenden Situation; und mein Ziehen des Schlusses ist mein Herbeiführen einer Handlung – die dann den Beispielfall der Maxime bildet.

Nun ist diese gängige Vorstellung einer Handlung aus Prinzipien in der Ethik zwar weit verbreitet, aber sie ist, wie Rüdiger Bittner zeigt, doch mit erheb-

---

[232] Robert Spaemann, Personen. Versuche über den Unterschied zwischen »etwas« und »jemand«, Stuttgart ^{2}1998, 227.

[233] Bittner, Aus Gründen handeln, 201 (Nachweise im Text).

lichen Schwierigkeiten belastet (vgl. 73ff.). Zum einen stellt sich die Frage, wie der Schluss eines praktischen Syllogismus eine Handlung sein kann. Der praktische Syllogismus vermag das Handeln nach einem Prinzip nicht verständlich zu machen; denn der Schlusssatz eines Syllogismus ist ein Aussagesatz oder vielleicht ein Befehl, aber keine Handlung. Zwischen der Handlung und dem Schlusssatz eines Syllogismus bleibt ein Hiat.

Ein zweiter Einwand Bittners ist m. E. noch gravierender: Im Unterschied zu Ursachen, die angeben, was geschehen macht, dass eine Person etwas tut, gibt der Grund an, weswegen eine Person etwas tut, also die Intention der Person (vgl. 94). Dass der Besitz eines Prinzips der Grund ist, weswegen wir etwas tun, ist jedoch schwer *vorstellbar*. Wir tun Dinge - so Bittner - wegen des Geschehens oder wegen der aktuellen Situation und ihrer Herausforderung, doch - zumindest in der Regel - nicht, um ein Prinzip zu verwirklichen. »Was wir [...] betrachten und erwägen, das haben wir typischerweise vor uns, uns gegenüber« (95), dort haben wir aber »unser Prinzip« in der Regel nicht. In der Tat: Wenn ich sage, ich habe das Fenster geöffnet, weil ein Vogel gesungen hat, dann ist es doch unplausibel, dies als Anwendung eines Prinzips zu verstehen. Das müsste man doch dann etwa folgendermaßen verstehen: Ich habe das Prinzip, wenn ich Vögel singen höre, das Fenster aufzumachen, und als ich den Vogel gehört habe und mir klar wurde, dass er gerade schön singt, und mir dann noch bewusst wurde, dass hier ein Anwendungsfall meines Prinzips vorliegt, habe ich aus meinem Prinzip gefolgert, dass ich das Fenster aufmachen muss. Ich halte diese Vorstellung für absurd. Der Vogel und sein Singen haben mich motiviert, das Fester aufzumachen, doch nicht der Besitz eines Prinzips. Ansonsten würde es mir gar nicht um den singenden Vogel gehen, sondern um die Anwendung eines Prinzips. Natürlich kann ein Beobachter feststellen, dass ich immer das Fenster aufmache, wenn ich einen Vogel singen höre, und so eine Regelmäßigkeit feststellen. Aber es wäre falsch, wenn er mir unterstellte, nach einer Regel in dem Sinne zu handeln, dass die Regel mein Handlungsgrund ist. So ist es beispielsweise durchaus möglich zu sagen, dass Fritz regelmäßig ausrastet und rumschreit, wenn irgendetwas mit seinem Computer nicht funktioniert. Aber zu sagen, Fritz habe das Prinzip auszurasten, ist doch völlig unplausibel. Es würde bedeuten, dass Fritz sich sagt: »Ich habe das Prinzip rumzuschreien, wenn der Computer nicht funktioniert, und da mir jetzt klar wird, dass (a) der Computer nicht funktioniert und mir (b) darüber hinaus klar wird, dass hier ein Anwendungsfall meines Prinzips vorliegt, muss ich wohl ausrasten«. Das ist schräg. In Wahrheit krakeelt Fritz nicht herum, weil er ein Prinzip befolgt, sondern weil der Computer nicht funktioniert. Den widerspenstigen, sein Leben trübenden Computer und nicht das Prinzip hat Fritz »vor sich«, wenn er ausrastet. »Nach einem Prinzip zu handeln«, kann nur heißen, in einer bestimmten Weise zu handeln.

Nun könnte man fragen, ob bei moralisch gehaltvollen Sachverhalten die Dinge nicht anders liegen. Sind Nächstenliebe, Großzügigkeit etc., nicht Prinzipien, die wir haben sollten, und zwar in dem Sinn, dass sie Grund unseres Handelns sein sollten? Die Frage ist zu verneinen; denn moralisch gehaltvolles Handeln läuft in der Weise ab, wie wir grundsätzlich Handeln beschrieben haben. Wenn wir einem verletzten Menschen auf der Straße helfen, dann tun wir es, weil er verletzt ist. Wir reagieren auf das Verletztsein des Menschen. Und auf die Frage »Warum hast du diesem Menschen geholfen?«, antworten wir in der Regel: »Weil er verletzt war«. Es ist doch nicht so, dass wir antworten: »Ich habe das Prinzip, verletzten Menschen zu helfen, und als ich diesen Menschen gesehen habe und mir klar wurde, dass er verletzt ist, und mir dann noch klar wurde, dass hier ein Anwendungsfall meines Prinzips vorliegt, habe ich aus meinem Prinzip gefolgert, dass ich ihm helfen muss!« Der verletzte Mensch und nicht das Prinzip ist der *Grund* unseres Handelns, den verletzten Menschen haben wir – wie Bittner sagt – »vor uns« (s. o.). Was würden wir eigentlich von einem Menschen halten, der angesichts des verletzten Menschen auf ein Prinzip und nicht auf den Menschen als Handlungsgrund verweist? Müssten wir nicht annehmen, dass es dem betreffenden Menschen um ein Prinzip und gar nicht um den verletzten Menschen ging? Und würden wir nicht denken, dass er gar nicht gemerkt hat, um was es *eigentlich* geht? »Erachten wir« – so fragt Johannes Fischer – »nicht einen solchen Menschen als moralisch rigide, wenn nicht gar als psychisch gestört, weil ihm offensichtlich der Sinn dafür abgeht, worauf es in einer solchen Situation ankommt und er somit das Wesentliche mit dem Unwesentlichen verwechselt«[234]?

Ich möchte einmal eine Gegenprobe machen und fragen, was eigentlich passieren würde, wenn wir versuchen würden, nach Prinzipien zu handeln und Normen und Werte zu Handlungsgründen zu machen. In einem höchst instruktiven Aufsatz vertritt Michael Stocker die These, dass wir ethische Werte wie bspw. Freundschaft, Liebe und Mitgefühl ganz sicher nicht erreichen könnten, wenn wir sie zu Handlungsgründen machen würden.[235] Wenn wir sie zu Handlungsgründen machen, verfehlen wir sie – nach Stocker – mit Sicherheit.[236] Das sei an der Wertschätzung verdeutlicht, die neben Authentizität, Achtsamkeit und Toleranz einen der gegenwärtigen Mode-Imperative darstellt.[237] Wertschätzung kann keine Intention von Menschen mit wertschätzenden Handlungen sein, denn wertschätzend zu sein, setzt nicht die Intention der Wertschätzung voraus. Warum ist das so? Ein Mensch, der wertschätzend ist, schätzt den Wert von jemandem oder etwas, er sieht den Wert von jemandem und etwas und bekundet

---

[234] Johannes Fischer, Verstehen statt Begründen. Warum es in der Ethik um mehr als nur um Handlungen geht, Stuttgart 2012, 13.

[235] Vgl. Michael Stocker, Die Schizophrenie moderner ethischer Theorien, in: Klaus-Peter Rippe/Peter Schader (Hrsg.), Tugendethik, Stuttgart 1998, 19–41.

[236] Vgl. a. a. O., 28.

[237] Vgl. Michael Roth/Ulrike Peisker, Ehrlich selbstlos? Auch Kirche und Theologie reiten auf der modernen Wertschätzungswelle. Ist das richtig? Ein Zwischenruf, in: Publik-Forum Extra Thema 7 (2020), 10–12.

ihn. Er schätzt aber nicht das Wertschätzen. Er hat das vor seinem Auge, was er wertschätzt, er hat nicht das »Wertschätzen« vor seinem Auge und alles ist nur beliebiges Mittel für dieses Ziel. Sich selbst als wertschätzend zu bezeichnen, gar sich als wertschätzend zu erleben, ist daher ein sicheres Zeichen für einen Mangel an der Fähigkeit zur Wertschätzung; denn der wertschätzende Mensch sieht seine Wertschätzung nicht (er hat sie nicht »vor« sich), sondern die Wertschätzung lässt ihn dieses oder jenes so oder so (eben wertvoll) sehen. Dass jemand »wertschätzend« ist, kann man nur gleichsam hinter seinem Rücken sagen. Ein Mensch, der Dinge wertschätzt, würde antworten, dass die Dinge nun einmal wertzuschätzen sind, nicht, dass er die Intention besitzt, Dinge wertzuschätzen. Umgekehrt: Wer sich tatsächlich vornehmen sollte, wertschätzend zu sein, ist nicht bei dem Wert der Dinge, sondern bei dem Wertschätzend-Sein und damit verfehlt er den Wert der Dinge mit Sicherheit – und damit die Wertschätzung. Man könnte auch sagen: Wer sich vornehmen sollte, wertschätzend zu sein, ist bei sich selbst als dem Wertschätzenden, nicht bei dem, was wertzuschätzen ist. Ganz offenkundig ist: Wertschätzung kann man sich nicht vornehmen, sie taugt nicht als Intention.

Die Überlegungen Stockers und Bittners zeigen, dass ethische Normen und Werte gewöhnlich keine *Gründe* für unser Handeln sind. Unsere Geschichten lassen uns *andere* Aufgaben zuwachsen als das Verwirklichen von Normen und Werten. Wir handeln nicht, *um* diese oder jene Normen zu verwirklichen. Welche Bedeutung haben dann Normen und Werte? Es lässt sich nicht gut bestreiten, dass Menschen bestimmte Normen gelernt und verinnerlicht haben. Normen und Werte sind keine Gründe für unser Handeln, sondern etwas, das Gründe zu Gründen werden lässt und ihnen damit den Charakter des Grundseins verleiht. Sie bestimmen, was wir in einer Situation als richtig und gut empfinden. Normen sind eine Art Brille, die Dinge sehen lässt, die Bedeutsamkeit markiert und bestimmt, was in Szenen hervortritt und wie sie erlebt werden. Mit Werten und Normen ist (wenn es sich wirklich um Werte und Normen einer Person handelt und nicht um das, was die Person gerne als Normen und Werte hätte) die handlungsleitende Perzeption von Situationen zum Ausdruck gebracht. Sie bestimmen, welche Facetten einer Situation für uns handlungsrelevant sind.

Was tragen diese Überlegungen für den Sport aus? Der Sport lässt uns andere Aufgaben zuwachsen als Normen und Werte zu verwirklichen. Im Sportspiel wachsen uns Gründe zu: Wir flanken den Ball nach vorne, weil ein Mitspieler frei vor dem Tor steht, der Boxer schlägt eine Gerade, weil der Gegner die Deckung hängen lässt. Die Fähigkeit des Sportlers besteht neben seinem technischen Können auch in seiner Wahrnehmung. Er muss die Situationen »lesen« können, d. h. die Facetten einer Situation als handlungsleitend wahrnehmen, auf die es im Sport ankommt.

Das Gesagte gilt auch für die Merkmale des Sports wie Zwecklosigkeit oder Fairness, sie sind keine »Gründe« für sportliches Handeln. Die – aus der alltagsweltlichen Sicht gesprochene – Zwecklosigkeit, die inhärente Sinnstiftung des

Sports, ist kein Motiv des Sportlers; denn der Sportler hat keineswegs die Absicht, aus alltagsweltlicher Sicht »zwecklos« zu handeln, auf das Spielgeschehen begrenzt zu bleiben. Vielmehr handelt er aus der alltagsweltlichen Sicht zwecklos, weil seine Intention auf das Sportgeschehen gerichtet ist, das nicht in den *ordo* der Zwecke des Daseins eingespannt ist. Dem Sportgeschehen also eignet eine wohl verstandene Zwecklosigkeit (in Bezug auf den Alltag gesprochen), nicht der Intention des Sportlers. Die Zwecklosigkeit hat der Sportler – um mit Rüdiger Bittner zu sprechen – nicht »vor« sich. Dies gilt auch für die Fairness; denn auch die Fairness ist – entgegen vieler wohlgemeinter Aufforderungen an Sportlerinnen und Sportler – nicht als Intention des Sportlers zu verstehen. Fairness ist der »Witz« des Sportes, insofern es im Sport um einen spielerischen Leistungsvergleich geht, der nur dann funktioniert und Sinn ergibt, wenn es möglichst fair zugeht. Der Sportler hat nicht vor, fair zu sein, sondern er begibt sich in ein Setting, das um seinen Witz gebracht wird, wenn man unfair handelt.

Wenn auch Fairness nicht die Intention des Sportlers ist, so erlaubt der sportliche Leistungsvergleich doch einen Rückschluss auf das Ethos des Sportlers: Ihm muss eine gewisse Offenheit, Ehrlichkeit, Fairness und Freude am Zwecklosen zu eigen sein; denn der Sportler ist als ein solcher zu begreifen, der sich in den sportlichen Leistungsvergleich freiwillig begibt und sich damit auf die Grammatik des Sportes bewusst einlässt. Anders formuliert: Die Fairness des sportlichen Leistungsvergleichs muss für den Sportler eine Anmutungsqualität besitzen. Von daher ist das Verlieren-Können nicht nur ein wesentliches Element des Sportes, sondern gehört wesentlich zum Ethos des Sportlers: Wer nicht verlieren kann, für den hat der sportliche Leistungsvergleich keine Anmutungsqualität, vielmehr wird er verdeckte Situationen suchen, die ihm die Chance bieten, heimlich und betrügerisch zu interagieren und sich dem Leistungsvergleich jederzeit zu entziehen. Von daher wird man sagen können: Fairness ist keine Intention des Sportlers, sondern eine Tugend, eine Qualität des Sportlers.[238] Natürlich übt der Sport auch in diese Qualität ein, er prägt das Ethos. Als Tugend ist Fairness gerade keine Intention. Die Fairness zur Intention des Sportlers zu erheben, verkennt den Witz des Sports.

Damit tritt bei dem Sport etwas Exemplarisches zutage: Ich habe in der Einleitung zu diesem Essay formuliert, dass die Gefahr der moralischen Kommunikation darin besteht, dass die moralische Kommunikation die Kommunikation des jeweiligen Systems, in dem sie auftritt, verdrängt. Dies – so habe ich behauptet – hat zur Folge, dass ein Hiat zwischen unseren lebensweltlichen Fragen und Problemen und den ethischen Überlegungen entsteht, sodass Menschen die moralische Argumentation nicht mehr als hilfreich und orientierend für ihre Fragen und Probleme zu sehen vermögen, sondern das Gefühl bekommen, dass

---

[238] Auch Frank Martin Brunn spricht in diesem Zusammenhang von »Tugenden« (vgl. ders., Welche Werte bringt der Sport ins Spiel?, in: ders., Wettkampf und Wirklichkeitsverständnis, 130–138, 132f).

die eigenen Fragen und Probleme in der moralisch-ethischen Reflexion nicht mehr vorkommen. In Auseinandersetzung mit ethischen Ratschlägen an den Sport ist zutage getreten, wie diese Verdrängung geschieht, nämlich dann, wenn nicht ernst genommen wird, dass wir nicht handeln, *um* diese oder jene Normen zu verwirklichen. Ein solches Unterfangen würde uns aus unseren konkreten Situationen und ihren Anforderungen und damit der mit anderen geteilten Lebenswelt herauslösen. Unsere Gründe sind nicht jenseits der Situationen zu finden, sondern sie liegen *in* den Situationen. In den Situationen zeigt sich, um was es eigentlich geht. Damit wird auch deutlich, worin die Lebensferne der Ethik besteht. Eine lebensferne Ethik – so legen unsere Überlegungen nahe – ist eine Ethik, die uns Normen als Handlungs*gründe* vorschreibt. Indem sie dies tut, koppelt sie uns ab von dem, worauf sich unsere Gründe tatsächlich beziehen. Nach unseren bisherigen Überlegungen müsste man sagen, dass eine solche Ethik an den eigentlichen Dingen merkwürdig vorbei schielt, an den Dingen, auf die es ankommt und die für unser Handeln die tatsächlichen Gründe bereitstellen.

2 »Gut« im sportlichen Kontext

Blickt man auf die Theoretiker des Sports, so tritt eine deutliche Ablehnung von moralischen und ethischen Vorstellungen zutage, die sozusagen »von außen« in den Sport getragen werden; denn – so die Auffassung – die Moral des Sports ist grundsätzlich nicht von außen bestimmbar.[239] So betont Sven Güldenpfennig: »Diejenigen Werte, welche das praktische Sportgeschehen tatsächlich tragen und leiten können und insofern wohlbegründete Geltung beanspruchen können, kommen überhaupt nicht gewissermaßen *von außen*«[240]. In dieser Weise argumentiert auch Hans Jürgen Hering: »Wenn über Sport und Moral reflektiert wird, scheint es mir oft so, daß irgendwelche Moralvorstellungen von außen an den Sport herangetragen werden. [...] [E]ine solche Betrachtungsweise ist dann *nicht* gerechtfertigt, wenn man den Sport, die einzelnen Sportarten verstehen will, wenn man erkennen will, welche Ziele, welche Motive die Sportler haben, in welchem Sinn sie moralisch miteinander umgehen – oder auch nicht. ›Sportliche Moral‹ in diesem Sinne ist also funktional im Sport selbst; sie ist nicht von außen an ihn herangetragen«[241].

Wenn die moralischen Regeln und Werte, die das Sportgeschehen tragen und leiten können, nicht von außen kommen, so müssen sie aus dem Inneren des Sports kommen, »aus dem kulturellen Eigensinn der Sportidee«[242]. »Für alle diese Werte gilt, dass ihr Geltungsbereich, ja ihr Geltungsanspruch strikt auf die Ermöglichung des sinngerecht-sportlichen Geschehens beschränkt ist, sie also weder als Vorreiter noch als Vollstrecker außersportlich-allgemeiner Werte, auch wenn diese ganz ähnlich klingen und auch wohlbegründet sein mögen, zu ver-

---

[239] So Günter Blamberger/Swen Körner, Moralistik/Sport: Sichtweisen einer skeptischen Anthropologie auf den ›homo sportivus‹, in: Peter Frei/Swen Körner (Hrsg.), Sport – Medien – Kultur (Brennpunkte der Sportwissenschaft 28), Sankt Augustin 2004, 14–31.

[240] Sven Güldenpfennig, Was bedeuten Werte und Wertewandel im Sport?, in: Volker Schürmann/Jürgen Mittag/Günter Stibbe/Jörg-Uwe Nieland/Jan Haut (Hrsg.), Bewegungskulturen im Wandel. Der Sport der Medialen Moderne – Gesellschaftstheoretische Verortungen, Bielefeld 2016, 107–129, 111.

[241] Heringer, Regeln und Fairneß, 157.

[242] Güldenpfennig, Was bedeuten Werte und Wertewandel im Sport?, 111.

stehen und gleichsam als Werbemittel zu reklamieren sind. Bei näherem Hinsehen wird schnell deutlich, dass der Sport hierfür überhaupt nicht taugt und bei einer Missachtung dieser Einsichten selbst Schaden nehmen kann«[243]. In dieser Weise fragt auch Heringer nach der »innere[n] Moral des Sports«[244]. Entscheidend ist nach Heringer, dass der »Witz« (158) des Spiels nicht zerstört werden darf. Der Witz des Spiels wird genau dann zerstört, wenn die Voraussetzung des spielerischen Leistungsvergleichs außer Kraft gesetzt wird. Ziel des Sportlers ist es, bei dem Leistungsvergleich zu gewinnen. Von daher hält Heringer die Vorstellung, dass »Sportler nett zueinander und gute Freude sein, überhaupt freundschaftlich miteinander umgehen sollten; dazu auch noch möglichst adrett aussehen sollten – und so weiter und so fort« (157) für von außen in den Sport getragen und seinem Eigensinn widersprechend. Ein in einem wohlverstandenen Sinne egoistisches Handeln sei Wesensmerkmal des sportlichen Handelns. In diese Richtung gehen auch die Überlegungen von Gunnar Drexel, wenn er formuliert, dass »Personen, die im sportlichen Wettkampf handeln, dann und nur dann ›richtig‹ und moralisch ›gut‹ handeln, wenn sie in einem noch zu klärenden Sinn ›egoistisch‹ handeln«[245]. Dies sei dem Sport wesensimmanent. »Das eigennützige Erfolg-haben- und Besser-sein-Wollen als der Gegner ist die notwendige Bedingung der Möglichkeit wettkampfsportlicher Kulturspiele. Deshalb reicht es nicht hin, lediglich in Übereinstimmung mit den geltenden Regeln zu handeln. Das kann man auch tun, ohne Erfolg haben zu wollen, ohne Sieger werden zu wollen usw. Es kommt offensichtlich *notwendig auch* darauf an, *eigennützig* in Orientierung an einer Leistungs- bzw. Gewinn-Norm zu handeln, also z. B. gute und bessere Wertungen, Leistungen und Rangplätze zu erzielen, Wettkampfsiege, Turniersiege und Meisterschaftssiege zu erringen oder neue Rekorde zu erzielen. Es kommt darauf an, *gegen* andere im Sinne der olympischen Maxime ›schneller, höher, weiter‹ zu handeln«[246]. Hier treffen sich seine Überlegungen mit denen von Heringer, wenn dieser formuliert: »Die sportliche Kooperation ist also nicht selbstlos, und es scheint mir verfehlt, sie als solche zu verherrlichen. Jeder Spieler will mit ganzer Kraft gewinnen, alles andere wäre sogar unfair. (Denken wir an den Spielverderber, der uns nach seiner Niederlage sagt, er habe gar nicht gewinnen wollen, und dem Sieger so den Gewinn vermiesen will.) Ich

---

[243] A. a. O., 113.
[244] Heringer, Regeln und Fairneß, 157.
[245] Gunnar Drexel, Die Moral im Wettkampfsport – ›Sportiver Egoismus‹ im agonal-performativen Kulturspiel, in: Julia Dietrich/Uta Müller-Koch (Hrsg.), Ethik und Ästhetik der Gewalt, Paderborn 2006, 341–368, 359. Frank Martin Brunn fragt kritisch, ob der von Drexel gewählte Begriff »Egoismus« angemessen ist, um den – auch von Drexel nicht bestrittenen –Sachverhalt zum Ausdruck zu bringen, dass das sportliche Ethos immer auch die Achtung und Würde der anderen Person einschließt (vgl. ders., Sportiver Egoismus oder Achtung der Menschenwürde? Eine anthropologische Skizze in ethischer Absicht, in: ders., Wettkampf und Wirklichkeitsverständnis, 67–74, 67ff.).
[246] Drexel, Die Moral im Wettkampfsport, 364.

bin also nicht der Meinung, dass Teilnahme alles ist und der Sieg sekundär, sondern: daß der Sieg alles ist«[247].

Wir haben gesehen, dass, wenn das Gewinnen-Wollen, das Erster-sein-Wollen nicht ernst genommen wird, der Witz des Sports zerstört wird. Zu erinnern ist an die Überlegungen des Theologen und späteren EKD-Ratsvorsitzenden, Heinrich Bedford-Strohm, der überlegt, ob nicht Dagmar Hase zur wahren Siegerin gekürt werden solle, weil sie zugunsten von Franziska van Almsick, die in der Vorrunde ausgeschieden war, auf die Teilnahme in der Endrunde verzichtete. Ganz offensichtlich wird hier etwas von außen in den Sport getragen. Und was hineingetragen wird, zersetzt den Sport, weil es zur größten Unsportlichkeit führt. Es ist der »Witz« des Sportes, dass man einen Konkurrenzkampf (wie den in der Vorrunde) gewinnen muss und diesen nicht geschenkt bekommen darf, um sich zu schonen und für die Endrunde Kräfte zu sparen. Damit zeigt sich etwas, was eigentlich weit über den Sport hinaus, nämlich für alle Bereiche des menschlichen Interagierens gilt: Ich kann nicht von außerhalb Lebensbereiche und Situationen strukturieren, weil ich sie nur von innen her verstehen kann. Gerade dies macht die Wahrnehmung zu einer entscheidenden ethischen Kategorie.[248]

Das Gesagte wird bereits an dem Wort »gut« deutlich[249]: Ich kann die Güte eines Lebensbereiches, eines bestimmten Settings oder einer Handlungssituation nicht von außen bestimmen und deduzieren, was in Bezug auf diese gut zu heißen verdient, sondern muss die eigene Grammatik ernst nehmen. Das Gutsein ist nicht von einem außerhalb einer Situation oder eines Systems stehenden Prinzip abzuleiten.

Gehen wir, um diese Überlegungen zu plausibilisieren, im Folgenden der Funktionsweise des Wortes »gut« nach: Die wirkmächtigste sprachanalytische Untersuchung des Wortes »gut« hat George Edward Moore in seinem Werk »Principia Ethica« unternommen.[250] Moore versteht »gut« als eine einfache, nicht definierbare Eigenschaft. Wenn »gut« nicht einfach hypothetisch als Mittel für etwas bezeichnet wird (z.B.: »Wenn du nicht frieren willst, ist es gut, sich Handschuhe anzuziehen.«), zeigt sich nach Moore, dass »gut« nicht definiert werden kann. In diesem Sachverhalt gleiche der Umstand des Wortes »gut« den Farb-

---

[247] Heringer, Regeln und Fairneß, 158.

[248] Vgl. hierzu: Michael Roth, Theologische Ethik als Wahrnehmungsschule für das Leben. Überlegungen zu einer seelsorgerlichen Ethik, in: Mareile Lasogga/Michael Roth (Hrsg.), Die Seelsorge als Herausforderung für die Ethik (Texte aus der VELKD 177), Hannover 2016. 49–57.

[249] Vgl. hierzu: Michael Roth, Nichts als Illusion? Zur Realität der Moral (Theologische Interventionen 4), Stuttgart 2019, 96ff.

[250] Vgl. Georg E. Moore, Principia Ethica. Erweiterte Ausgabe. Aus dem Englischen übersetzt und herausgegeben von Burkhard Wisser. Übersetzung des Anhangs von Martin Sandhop, Stuttgart 1993, 34ff. (Nachweise im Text).

namen wie »gelb«. Der Grund dafür, dass sich diese Eigenschaften nicht definieren lassen, liege darin, dass sie »einfach« seien (vgl. 36). Daher - so Moore - lassen sich diese Eigenschaften nicht durch die Angabe von Eigenschaften oder Aufzählung von Eigenschaften definieren. »Gut« sei - wie der Begriff »gelb« - nicht komplex, sondern einfach und undefinierbar (vgl. 36f.), das Wort lasse sich nicht durch andere Worte ausdrücken.

Wenn George Edward Moore behauptet, dass »gut« wie »gelb« eine einfache (wenn auch im Unterschied zu »gelb« nicht natürliche) Eigenschaft bezeichnet, so müsste dies implizieren, dass das logische Verhalten von »gut« und »gelb« dasselbe ist. Dies scheint aber nicht der Fall zu sein. Peter T. Geach unterscheidet zwischen attributiven und prädikativen Adjektiven und zeigt damit, dass die Begriffe »gelb« und »gut« nicht auf die gleiche Weise funktionieren.[251] »Gelb« ist ein prädikatives Adjektiv.[252] Aus den Sätzen

1. »Hansi ist ein gelber Vogel« und
2. »Ein Vogel ist ein Tier« folgt
3. »Hansi ist ein gelbes Tier«.

In dieser Weise funktioniert der Begriff »gut« aber nicht. Denn aus den Sätzen

1. »Peter ist ein guter Tennisspieler« und
2. »Ein Tennisspieler ist ein Mensch« folgt nicht
3. »Peter ist ein guter Mensch«.

Offensichtlich »klebt« (48) das Adjektiv »gut« stärker an dem Substantiv als das Adjektiv »gelb«, sodass keineswegs davon gesprochen werden kann, dass »gelb« und »gut« auf die gleiche Weise funktionieren. Der Blick auf andere attributive Adjektive, wie etwa »groß«, erlaubt es, die Attributivität von »gut« noch genauer zu verstehen. Auch »groß« ist ein attributives Adjektiv; denn aus den Sätzen

1. »Hermann ist eine große Maus« und
2. »Eine Maus ist ein Tier« folgt nicht
3. »Hermann ist ein großes Tier«.

Die Unzulässigkeit dieser Schlussfolgerung lässt sich aus der Komparativität des Adjektivs »groß« erklären (vgl. 49f.). Daher bedeutet (1) »Hermann ist eine große Maus« nur so viel wie: »Hermann ist größer als die meisten Mäuse« und (3) »Hermann ist ein großes Tier« bedeutet so viel wie »Hermann ist größer als die meisten Tiere«. Dieser Schluss ist offensichtlich falsch; denn Mäuse sind verhältnismäßig kleine Tiere, und eine große Maus zu sein, bedeutet nicht - im

---

[251] Peter T. Geach, Good and Evil, Analysis 17 (1956), 32-42.

[252] Zum Folgenden vgl. Bernard Williams, Der Begriff der Moral. Eine Einführung in die Ethik. Aus dem Englischen übersetzt von Eberhard Bubser, Stuttgart 1986, 47ff. (Nachweise im Text).

Vergleich zu den anderen Tieren – groß zu sein. Man kann daher aus 1 und 2 nur schließen:

4. »Hermann ist ein Tier, das größer ist als die meisten Mäuse«.

Allerdings lässt sich die Attributivität von »gut« nicht durch seine Komparativität erklären. Aus den Sätzen

1. »Peter ist ein guter Tennisspieler« und
2. »Ein Tennisspieler ist ein Mensch« folgt nicht
3. »Peter ist ein besserer Mensch als die meisten Tennisspieler«.

Offensichtlich beruht die Attributivität von »gut« »auf einer noch engeren Verknüpfung mit seinem Substantiv [...] als die der bloß komparativen Adjektive wie ›groß‹« (50f.). Es macht für die Bedeutung von »gut« einen Unterschied, ob wir »gut« in Bezug auf einen guten Fußballspieler, ein gutes Musikstück oder einen guten Wein verwenden.[253] »Gut« hat in den unterschiedlichen Verwendungszusammenhängen keinen gemeinsamen Bedeutungskern und gleicht darin Indexworten wie »ich«, »du«, »hier«, »dort«, »jetzt« oder »heute«, die sich dadurch auszeichnen, dass ihre Funktion nicht semantisch, sondern pragmatisch ist. Ihre Funktion ist also nicht, etwas begrifflich zu beschreiben oder zu bestimmen, sondern etwas in einem konkreten Praxiszusammenhang zu lozieren und zu identifizieren. Indexworte fungieren also nicht als Begriffe, die etwas in bestimmter Hinsicht zu charakterisieren erlauben. »Sie lassen sich nicht durch eine Menge bestimmter Merkmale definieren und sind nicht prädizierbar. Sie fungieren aber auch nicht als *Namen* oder *Kennzeichnungen*: ›Hier‹ benennt keinen Ort, ›jetzt‹ keine Zeit und ›ich‹ keine Person. Alle diese Ausdrücke haben keine definierbare Bedeutung, keine bestimmte Referenz, keinen konkreten Bezug, obgleich sie in bestimmten Situationen zur Bezugnahme auf etwas Bestimmtes gebraucht werden können«[254]. Daher lassen sich Indexworte auch nicht ohne Beachtung ihrer konkreten Verwendung in Praxisvollzügen verstehen. »Sie fungieren praxisbezogen, und wer wissen will, von wem oder was mit ›hier‹ oder ›jetzt‹ oder ›ich‹ oder ›du‹ die Rede ist, muss die konkrete Situation in den Blick fassen, in der sie fungieren. [...] Der Gebrauch von Indexwörtern signalisiert, dass es ohne Beachtung der pragmatischen Gebrauchssituation kein adäquates semantisches Verständnis von Gesprochenem und Geschriebenem gibt«[255]. Das, was für die Indexworte zutrifft, scheint auch für das Wort »gut« zu gelten. Das Wort »gut« lässt sich nicht unabhängig von dem Kontext, in dem es gebraucht wird, analysieren. Wenn daher das Wort »gut« mit dem von ihm qualifizierten Substantiv unauflöslich eng verknüpft ist, scheint nichts anderes übrig zu blei-

[253] Vgl. Ernst Tugendhat, Probleme der Ethik, Stuttgart 1984, 67.
[254] Ingolf U. Dalferth, Die Wirklichkeit des Möglichen. Hermeneutische Religionsphilosophie, Tübingen 2003, 463.
[255] A. a. O., 463f.

ben, als die Wendung »ein gutes x« im Ganzen zu analysieren, wobei die Bedeutung von »gut« durch das bestimmt wird, was für x eingesetzt wird.[256]

Die Überlegungen machen deutlich, dass ich nicht von außen das Gutsein im Sport bestimmen kann, sondern die interne Grammatik des Sports und die Bedeutung des Sports für seinen Zusammenhang mit anderen Handlungssphären analysieren muss. Wir haben festgestellt, dass ein Verzicht auf eine Analyse der Grammatik des Sports eine moralische Intervention gefährlich macht. Der Sport wird nämlich zerstört, wenn die notwendigen Elemente des Sports wie die Alternative von Gewinnen und Verlieren, das Streben, der Beste zu sein, oder den im Sport waltenden Konkurrenzkampf der moralischen Kritik unterzogen werden, indem eine Moralvorstellung von außen an den Sport herangetragen wird. Eine solche Übertragung verkennt, dass das Gut-Sein im sportlichen Geschehen sich von dem Gut-Sein in anderen Handlungssphären unterscheidet und daher keineswegs von vornherein feststeht, sondern allererst bestimmt werden muss. Ansonsten kommt es zu problematischen Übertragungen. Um es an einem Beispiel zu verdeutlichen: Es macht keinen Sinn, dass zwei Kindergärtner in der Kindertagesstätte um die Gunst der anvertrauten Kinder konkurrieren und hier zwischen Gewinnern und Verlierern unterscheiden, wohl aber, dass zwei 100-Meter-Läufer um die Goldmedaille konkurrieren. Und während im ersten Fall moralisch zu kritisieren ist, wenn beide einander nicht helfen, sondern egoistisch agieren, so ist dieser wohlverstandene Egoismus im zweiten Fall nicht nur angezeigt, sondern geradezu moralisch verpflichtend. Sätze wie »Ist es wirklich so wichtig, wer besser ist?« oder »Muss man wirklich immer zwischen Gewinner und Verlierer unterscheiden?« – haben sicherlich bei Kindergärtnern in einer Kindertagesstätte ihre Berechtigung, in Bezug auf den Sport gesprochen sind sie aber zerstörerisch und daher als höchst unmoralisch zu beurteilen.

Von hier aus wird auch die Aufgabe der Sportethik deutlich: Es geht zuerst um die Wahrnehmung und das Verstehen der internen Grammatik des Sports und der Bedeutung des Sports für und den Zusammenhanges des Sports mit den restlichen Subsystemen der Gesellschaft.[257] So ist Johannes Fischer zuzustim-

---

[256] Vgl. Williams, Der Begriff der Moral, 51.

[257] Mit dem Gesagten ist nicht behauptet, dass eine Ethik des Sports *ausschließlich* von der Pointe des Sports her bestimmt werden kann. Menschen bringen Wertungen, die Bedeutsames in Situationen markieren, mit in den Sport und verstehen von hier aus das Geschehen. Um ein Beispiel zu nennen: Das in manchen Ländern betriebene »Zwergenwerfen«, in dem ein kleinwüchsiger Mensch geworfen wird, wird abgelehnt, selbst wenn alle Beteiligte dem zustimmen (vgl. hierzu: Armando Massarenti, Zwergenweitwurf und andere philosophische Übungen. Vorwort von Umberto Eco, Frankfurt a. M./Leipzig 2009). An sich widerspricht dieser Wettkampf nicht der Idee des Sports, in ihm findet ein spielerischer, leiblicher Leistungsvergleich statt, Chancengleichheit und Nachprüfbarkeit von Leistungen sind gewahrt. Er widerspricht aber dem (über das Sportgeschehen hinausreichende) Empfinden mancher Menschen, kleinwüchsige Menschen nicht zu einem bloßen Objekt zu machen.

men, wenn er von dem Verstehen als Grundaufgabe der Ethik spricht.[258] Das Verstehen der Grammatik des Sports lässt den »Witz« des Sportes zutage treten; ihn zu explizieren und zu schützen ist die primäre Aufgabe einer Sportethik. Entscheidend scheint dabei zu sein, dass die Ethik darauf hinwirkt, dass – wie bereits Christian Graf von Krockow formuliert – die »Weltausgrenzung tatsächlich durchgehalten wird«[259]. Wird diese Weltausgrenzung nicht durchgehalten, wird das aufgehoben, was den Sport von der Außenwelt unterscheidet: die »Freiheit vom sorgenvollen Angespanntsein auf Zukunft, von Gewalt, Machtkampf, Herrschaft und Unterwerfung«[260]. Unsere Überlegungen haben verdeutlicht, dass von zwei Seiten die Weltausgrenzung zerstört werden kann: wenn sich der Alltag in den Sport drängt oder wenn der Sport den Alltag zu dominieren droht. Zentral ist es, die Bedeutung des Sportes für den Einzelnen und die Gesellschaft zu verstehen und zu analysieren, unter welchen Bedingungen der Sport seine Leistungskraft entfalten kann. Indem die Ethik dieser zentralen Frage nachgeht, dient die Ethik dem Sport, während wir gesehen haben, dass sich die zerstörerische Kraft der moralischen Intervention im Sport in zwei Richtungen auswirken kann: erstens, wenn moralische Werte wie »Fairness« oder »Selbstzweckhaftigkeit« zur Intention des Sportlers erhoben werden (vgl. III.1), zweitens, wenn der Witz des Sports, der spielerische Leitungsvergleich, zerstört wird.

Damit tritt auch an diesem Punkt bei dem Sport etwas Exemplarisches zutage: Ich habe in der Einleitung zu diesem Essay formuliert, dass die moralische Kommunikation die Tendenz hat, die notwendige konkrete Sachanalyse durch moralische Urteile zu ersetzen. Das Verstehen-Wollen von Zusammenhängen wird verdrängt durch vorschnelle moralische Urteile. Was im Sport offen zutage tritt, ist in anderen Systemen wie der Wirtschaft oder der Politik viel weniger offensichtlich. Natürlich kann man sich fragen, was der Zweck einer die konkrete Sachanalyse verachtenden moralischen Urteilsbildung ist. Klar ist, dass es einer dermaßen an der Sachanalyse desinteressierten Urteilsbildung nicht um die Sache selbst gehen kann. Offenkundig geht es eher um die Person des moralisch Urteilenden: Er erweist sich (bei anderen und sich selbst) durch das moralische Urteil als jemand, der moralisch urteilt.

---

[258] Vgl. Fischer, Verstehen statt Begründen.

[259] Von Krockow, Sport und Industriegesellschaft, 101f. Gewalt im Sport kommt im Idealfall nur in einer ästhetischen Inszenierung vor: Vgl. hierzu Michael Roth, Sport – Ästhetisierung der Gewalt? Überlegungen zu einem intimen Verhältnis, in: epd-Dokumentation 18/2021: Sport und Gewalt (Dritter Sportethischer Fachtag der EKD. Evangelische Akademie Frankfurt, 10. März 2021), 6–14.

[260] Von Krockow, Sport und Industriegesellschaft, 102.

3 Gewährte Gegenwart

Wir haben gesehen, dass der Sport aufgrund seines Spielcharakters dem Menschen Gegenwart gewährt. Treffend spricht Bernd Wirkus in Bezug auf den Sport von einer »Präsenskultur«[261]. In dem Bezug zur Gegenwart liegt m. E. die eigentliche Nähe von Sport und Glaube; denn nichts anderes als die Eröffnung der dem Menschen zugesagten Gegenwart ist der Gegenstand der Lehre von der »Rechtfertigung des Sünders«[262]. Dies möchte ich abschließend erläutern und damit verdeutlichen, warum aus theologischer Perspektive der Sport als heilvolle Gabe wahrgenommen werden kann.

Die protestantische Lehre von der Rechtfertigung des Sünders bringt zum Ausdruck, was es für das menschliche Leben bedeutet, im Vertrauen auf Christus zu leben und seine Identität von hier bestimmt zu bekommen. Sie fragt, wie das Vertrauen auf Gottes Zusage in Christus angemessen zur Sprache zu bringen ist, damit ihre befreiende Dimension nicht verkannt wird. Für lutherische Theologie ist es wesentlich, die Voraussetzungslosigkeit und Bedingungslosigkeit der Annahme des Menschen durch Gott zur Sprache zu bringen. Nur weil die Annahme des Menschen durch Gott nicht in irgendwelchen Voraussetzungen des Menschen begründet ist, befähigt sie den Menschen, von sich selbst wegzublicken, sich nicht ängstlich bespiegeln zu müssen. Nach protestantischem Verständnis nimmt Gott den Menschen an, weil er ihn in Christus ansieht, und dieses Ansehen des Menschen in Christus hat schöpferische Kraft.[263] Nur so ist es möglich, sich der Annahme wirklich gewiss zu sein, weil die Annahme, insofern

[261] Bernd Wirkus, Präsenz und Transzendenz im Sportsieg, in: Manfred Lämmer/Tim Nebelung, Dimensionen der Ästhetik. Festschrift für Barbara Ränsch-Trill, St. Augustin 2005, 62–75, 63 u. ö.

[262] Vgl. hierzu Michael Roth, Glaube und Schönheit? Bemerkungen zur Bedeutung der Gegenwart, in: B. Vogelsang (Hrsg.), Schönheit des Glaubens – Zwischen Beobachten und Erleben (Thomas-Morus-Impulse. Schriften der Thomas-Morus-Gesellschaft Hannover), Münster/Hamburg/London 2011, 11–33.

[263] Vgl. Edgar Thaidigsmann, Gottes schöpferisches Sehen. Elemente einer Sehschule im Anschuß an Luthers Auslegung des Magnificat, Neue Zeitschrift für Systematische Theologie und Religionsphilosophie 29 (1987), 19–38.

sie an Christus gebunden ist, mich von der ängstlichen Nabelschau abhält, ob ich die Annahme verdient habe oder ob ich durch die Annahme nun zu einem Leben befreit bin, das mich der Annahme (nachträglich) würdig macht. Gewissheit ist nur möglich, wenn die Zusage der Annahme von jeder an mich gerichteten Forderung unabhängig ist und sie in keiner Weise in meiner eigenen Qualität begründet ist. Die ängstlichen Fragen der Selbstreflexion »Wer bin ich?«, »Wer soll ich sein?«, »Wer muss ich sein, um mich anzunehmen?«, »Was muss ich aus mir machen, um in den Augen der anderen und auch in meinen Augen bestehen zu können?« werden zerbrochen, weil Gott in seiner Annahme dem Menschen gibt, was er so unaufhörlich sucht.

Das Vertrauen auf die Zusage der bedingungslosen Annahme befreit von der unaufhörlichen Selbstbeschäftigung und Selbstbetrachtung. Auf diesen Sachverhalt hat vor allem Gerhard Sauter in seinen Arbeiten zur Theologischen Anthropologie immer wieder aufmerksam gemacht, wenn er das Vertrauen auf Christus als ein »von sich selber getrennt [...] werden«[264] zur Sprache bringt. Glaube – so Sauter – heißt »von sich selber wegschauen«[265], »*selbstvergessen* zu leben beginnen«[266]. »Endgültiges Heilszeichen ist das Kreuz Christi als der Ort, auf den jeder Mensch seinen Blick heften darf, der in seiner Selbstbetrachtung zugrunde zu gehen droht. Er soll von sich selber wegschauen, um die Verheißung seines Lebens in der Gemeinschaft mit Gott wahrzunehmen«[267]. In diese Richtung verweisen auch die Überlegungen von Ernstpeter Maurer, der mit dem Begriff der »Selbstvergessenheit« die »spannungsvolle Erfahrung, daß ich mir selbst entzogen sein kann, daß ich vor allem *in heilsamer Weise* von mir selbst frei werden kann« zur Sprache bringt. »Der Begriff ›Selbstvergessenheit‹ umreißt die *Erfahrung*, die der Formel ›extra nos‹ entspricht, ohne diese Formel auf eine ›eindeutige‹ Erfahrung festzulegen«[268]. Die Person wird befähigt, »die Sorge um ihre Identität [zu] vergessen«[269].

Befreit vom Blick auf sich, ist der Mensch zur Wahrnehmung der Gegenwart befähigt. In seinem Buch mit dem bezeichnenden Titel »Zugesagte Gegenwart« formuliert Oswald Bayer: »Nicht jeder Mensch lebt wirklich in der Gegenwart. Gegenwärtig, präsent ›ganz da sein‹ zu dürfen, ist Gnade. Ein Christ ist deshalb ein gegenwärtiger Mensch, weil er von der Schuld der Vergangenheit und der Angst vor der Zukunft befreit ist. Weil er weder die Vergangenheit noch die

---

[264] Gerhard Sauter, Anthropologische Denkerfahrung der Theologie, EvTh 43 (1983), 445–465, 454.

[265] A. a. O., 457.

[266] Gerhard Sauter, Menschsein und theologische Existenz, in: ders., In der Freiheit des Geistes. Theologische Studien, Göttingen 1988, 11–22, 17.

[267] Sauter, Anthropologische Denkerfahrung der Theologie, 457.

[268] Ernstpeter Maurer, Selbstvergessenheit, in: Michael Beintker/Ernstpeter Maurer/Hinrich Stoevesandt/Hans G. Ulrich, Rechtfertigung und Erfahrung. Für Gerhard Sauter zum 60. Geburtstag, Gütersloh 1995, 168–184, 169.

[269] A. a. O., 173.

Zukunft letztlich selbst verantworten muss, ist er in der Gegenwart – jetzt – frei, ohne Sorgen«[270]. Der Mensch ist befähigt, selbstvergessen ganz bei der Sache zu sein und sich bestimmen zu lassen, weil er – von der Selbstsorge befreit – nicht mehr von der Frage getrieben ist, wozu er die Gegenwart bestimmen muss. Wer bin ich? Wer soll ich sein? Wer muss ich sein, um mich anzunehmen? Was muss ich aus mir machen, um in den Augen der anderen und auch in meinen Augen bestehen zu können? Befreit von diesen Fragen kann die Gegenwart und ihre Möglichkeiten in den Blick kommen.

Im Blick auf die zugesagte Gegenwart erschließt sich die heilvolle Bedeutung des Sports[271]: als von Gott gewährte Möglichkeit, von sich selbst befreit Hingabe an die Gegenwart erleben zu dürfen. Der Sport stellt eine – auf Zeit und Raum begrenzte – Unterbrechung der Verzwecklichung des Daseins dar[272], eine Unterbrechung auch von moralischer Notwendigkeit – wie wir nicht zuletzt von Helmuth Plessner lernen durften[273]; denn in der Hingabe an das Spielgeschehen ist der Mensch befreit davon, nach seiner Existenzsicherung zu fragen und seine Existenzberechtigung moralisch unter Beweis stellen zu müssen. Er darf im Raum des Sports einfach sein, Dinge tun aus keinem anderen Grund als dem, dass es so ist, wie es ist, diese Dinge zu tun. Gegen jedes Selbstmissverständnis des christlichen Glaubens erinnert der Sport damit den Glauben an sein Wesen: die Wahrnehmung der Gegenwart als von Gott gnädig gewährt, anders: die Wahrnehmung der Welt als Raum des von Gott Erlaubten, jenseits des Gesollten und Verbotenen. Die Welt darf wahrgenommen werden als »ohn all mein Verdienst und Würdigkeit« zugesagt, d. h. ohne die Pflicht, meine Existenz in der Welt moralisch rechtfertigen zu müssen. Christlicher Glaube ist Leben von der Gabe, nicht Dominiertsein durch die Aufgabe. Insofern ist christliche Frömmigkeit keine teleologische, sondern eine ästhetische Frömmigkeit.[274] Es dürfte deutlich sein, dass nicht die moralische Gängelei des Sportes dem christlichen Glauben angemessen ist, nicht das Einspannen des Sports in die Notwendigkeit des

---

[270] Oswald Bayer, Zugesagte Gegenwart, Tübingen 2007, 9.

[271] Vgl. Michael Roth, Sport und Protestantismus – ein Unverhältnis?, in: Jutta Koslowski/Thorsten A. Leppek (Hrsg.), Fides quaerens intellectum. Festschrift für Walter Dietz, Leipzig 2021, 301–313.

[272] Es scheint mir das Grundproblem der sportethischen Überlegungen von Eilert Herms zu sein, die Selbstzweckhaftigkeit des Sports nicht zur Geltung zu bringen (vgl. ders., Ist Sportethik möglich?, in: ders., Sport, 82–102, bes. 98f.). Ziel des Sportlers ist nach Herms nicht das Verweilen im Sportgeschehen um seiner selbst willen, sondern eine bewusste und absichtsvolle Darstellung der eigenen Lebensüberzeugung (vgl. a. a. O., 101). Vgl. hierzu bereits Michael Roth, Art. Sport III, TRE XXXI, Berlin/New York 2000, 726–730, 728.

[273] Plessner, Der Mensch im Spiel, 7.

[274] Micheal Roth/Ulrike Peisker, Kunst und ästhetische Frömmigkeit – eine lutherische Perspektive, in: Volker Küster (Hrsg.), Theologie und Kunst unterrichten, Leipzig 2021, 117–130.

Alltags, nicht die Instrumentalisierung des Sports für eine edle und hohe Sache, sondern der dankbare Genuss der »überflüssigen« Zeit, die der Sport bereitstellt: Nimm hin und iss, für Dich gegeben!